essentials

essentials liefern aktuelles Wissen in konzentrierter Form. Die Essenz dessen, worauf es als „State-of-the-Art" in der gegenwärtigen Fachdiskussion oder in der Praxis ankommt. *essentials* informieren schnell, unkompliziert und verständlich

- als Einführung in ein aktuelles Thema aus Ihrem Fachgebiet
- als Einstieg in ein für Sie noch unbekanntes Themenfeld
- als Einblick, um zum Thema mitreden zu können

Die Bücher in elektronischer und gedruckter Form bringen das Expertenwissen von Springer-Fachautoren kompakt zur Darstellung. Sie sind besonders für die Nutzung als eBook auf Tablet-PCs, eBook-Readern und Smartphones geeignet. *essentials:* Wissensbausteine aus den Wirtschafts-, Sozial- und Geisteswissenschaften, aus Technik und Naturwissenschaften sowie aus Medizin, Psychologie und Gesundheitsberufen. Von renommierten Autoren aller Springer-Verlagsmarken.

Weitere Bände in der Reihe http://www.springer.com/series/13088

Markus Bramberger

Non-SEPA-Entgeltregelungen im Zahlungsverkehr

Entgeltorientiert überweisen und Reklamationen vermeiden

Markus Bramberger
Enns, Österreich

ISSN 2197-6708 ISSN 2197-6716 (electronic)
essentials
ISBN 978-3-658-27745-1 ISBN 978-3-658-27746-8 (eBook)
https://doi.org/10.1007/978-3-658-27746-8

Die Deutsche Nationalbibliothek verzeichnet diese Publikation in der Deutschen Nationalbibliografie; detaillierte bibliografische Daten sind im Internet über http://dnb.d-nb.de abrufbar.

Springer Gabler

Springer Gabler ist ein Imprint der eingetragenen Gesellschaft Springer Fachmedien Wiesbaden GmbH und ist ein Teil von Springer Nature.
Die Anschrift der Gesellschaft ist: Abraham-Lincoln-Str. 46, 65189 Wiesbaden, Germany

Was Sie in diesem *essential* finden können

- Tipps & Tricks zur sofortigen Umsetzung
- Spezielle Fakten und wesentliche Details zu kostengünstigen Überweisungstransaktionen
- Bislang noch unveröffentlichte Hintergrundinformationen zur Steuerung von Überweisungstransaktionen
- Einen kompetenten Überblick über die bargeldlose Zahlungsverkehrslandschaft
- Nützliche Hilfen zu Praxisbeispielen inklusive detailreicher Erörterungen
- Als interessierter Leser versetzen Sie sich zukünftig in die Lage, Überweisungen kostenoptimiert zu tätigen und mögliche Reklamationen bereits im Vorfeld zu erkennen. Ihr Profit daraus sind primär Zeit und Geld.

Inhaltsverzeichnis

Einleitung 1

Eine Überweisung zu tätigen, kann, muss aber nicht der Einfachheit entsprechen, welche sie offensichtlich darstellt. Mannigfaltige Steuerungsparameter, die gezielt eingesetzt werden können, entscheiden zwar oft nicht darüber, ob ein Überweisungsbetrag am Empfängerkonto ankommt oder nicht, jedoch schon darüber, ob die Transaktion kostenorientiert, rasch, sicher und optimiert durchgeführt wird (Bramberger 2017b).

In diesem Buch werden „Schritt-für-Schritt" zahlungsverkehrsbedingte Problemstellungen, deren möglichen gesamtheitlichen Auswirkungen und die zielführendsten, auch nahe liegendsten Lösungsansätze detailreich erläutert. Im Folgenden erhalten Sie ebenso rasch umzusetzende Tipps & Tricks, die Ihnen neue Sichtweisen auf die Agenden des bargeldlosen Zahlungsverkehrs eröffnen auf der einen Hand, detailreich erörternde Schilderungen zur fachinhaltlichen Komplexität von Geldtransfers sowie zu dessen Preisgestaltung auf der anderen Hand. Sie werden eine schlüssige und kompetent unterlegte Argumentation vorfinden. Die möglichen Lösungsansätze werden Ihnen logisch und konsistent dargeboten. Einer raschen Optimierung Ihrer bargeldlosen Ein- und Ausgänge steht nichts mehr im Wege.

1.1 Herkunft des Geldes

Im Allgemeinen kann unter Geld oder Zahlungsmittel alles verstanden werden, das im Rahmen des nationalen Verkehrs einer Volkswirtschaft als Gegenleistung für Güter akzeptiert wird. Dabei schließt die Begriffsbezeichnung nicht den zeitlichen Verlauf der Änderung aus (Jarchow 1990, S. 13 ff.).

M. Bramberger, *Non-SEPA-Entgeltregelungen im Zahlungsverkehr,* essentials,
https://doi.org/10.1007/978-3-658-27746-8_1

Die Entwicklungsgeschichte der Geldmaterie fokussiert sich schon immer darauf, dass den sozialen Akteurinnen und Akteuren der wirtschaftliche Umgang permanent erleichtert wird. Um den veränderten Anforderungen des Marktes gerecht zu werden, dienen festgeschriebene Grundlagen als Fundament, das es regulativ immer wieder neu anzupassen gilt. So nimmt das Finanzsystem die wichtigste Rolle innerhalb der Wirtschaft ein (Gischer et al. 2004, S. 2 f.).

Der historische Rückblick verdeutlicht, dass die Beschaffenheit als Funktionsmittel früher zu den wichtigsten Eigenschaften gehörte. Erst später wurde den Anforderungen der Volkswirtschaft die oberste Priorität eingeräumt. So gab es auch Zeiten, in denen der Wert über den eigentlichen Zweck eines Tauschmittels hinausging und sich der Gebrauch ambivalent gestaltete. Zum Beginn der Menschheitsgeschichte dienten Tierfelle zum Schutz vor Kälte und gleichzeitig wurde damit Handel betrieben. Derselbe Umgang wurde auch mit allen anderen Naturalien gepflegt, wie beispielsweise Beeren, Salz oder Speerspitzen. Ungefähr vor 4000 Jahren wurden dann Zahlungsmittel eingesetzt, die ausschließlich dem Tausch zugeschrieben waren. Es handelte sich meist um besondere Waren, die es nur in begrenzter Menge gab. Mit der Ausweitung der Handelsbeziehungen erlangte der einfache Transport die oberste Priorität. Der Wert bestimmt sich bis heute mit der Begrenzung der Menge, wodurch sich gleichermaßen der Reparationsmechanismus von Angebot und Nachfrage der freien Marktwirtschaft erklärt (North 2014, S. 6 ff.).

Später wurde dann die Münzprägung erfunden, um den realen Wert mithilfe von seltenen Metallen wie Kupfer, Silber und Gold abzubilden. Nach historischen Überlieferungen waren die Lyder das erste Volk, mit dem Ursprung in Kleinasien, das sich dieser fortschrittlichen Methode bediente. Es wird angenommen, das die Entstehungsgeschichte bis zwei Jahrhunderte vor Christus zurückgeht (Schwertheim 2005, S. 27 ff.).

Hingegen hat das erste Papiergeld seinen Ursprung mit der Tangdynastie in China, deren Hochkultur von 618 bis 907 herrschte und von dessen Verwendung Marco Polo in Europa berichtete (Wildman 2015, 8.2.4.).

Mit der Entwicklung des Staatssystems im 18. Jahrhundert sollte ein einfacher Weg gefunden werden, um den Haushalt zu organisieren. Markt und Ökonomie sind praktisch zu synonymen Begriffen geworden. Das Geld als Tauschmittel musste im Volk erst authentisiert werden. Münzen vermittelten in diesem Zusammenhang einen realistischen Wert, der direkt nachvollziehbar war (Berend 2007, S. 5 ff.).

Um das Vertrauen der Bevölkerung zu gewinnen, wurde der Wert realistisch abgebildet. Mithilfe von Schriften sollte garantiert werden, dass der Rücktausch gegen Edelmetalle oder Münzen jederzeit stattfinden konnte (Kellermann 2007, S. 113 ff.).

Heutzutage gewährleisten die Nationalbanken wie die OeNB (Österreichische Nationalbank), oder die Zentralbanken wie die EZB (Europäische Zentralbank) den Wert der gedruckten und ausgegebenen Banknoten. Die Ausdehnung des Handels und somit der Wirtschaft auf internationaler Ebene verursacht de facto das Erfordernis, größere Geldmengen über weite Entfernungen sicher bewegen zu können. Um hierzu die notwendige Voraussetzung zu schaffen, wurde im 20. Jahrhundert der bargeldlose Zahlungsverkehr eingeführt. Somit ersetzen bei der Anwendung des bargeldlosen Zahlungsverkehrs das Buchgeld, Devisen sowie immaterielles Geld die Banknoten und Valuten (Alt und Puschmann 2016, S. 2–10).

1.2 Aufgaben des Geldes

Um einen fachinhaltlich durchgehend roten Faden zu gewährleisten und um die unterschiedlichsten Aspekte des Geldes zu veranschaulichen, widmet sich der nachfolgende Zwischenabschnitt der Definition von Geld.

Insgesamt erfolgt keine Buchung (buchen = registrieren) ohne einen Beleg. Diese Vorgangsweise wird hervorgehoben, da sie auch heute noch in der Basisbildung gelehrt wird. Die Aufgaben des Geldes, in fünf Teilgebiete gegliedert, kann wie folgt erörtern werden (Gischer et al. 2004, S. 5 f.):

- Geld in der Verwendung als Tauschmittel
  Der Mensch bringt seine Arbeitskraft in den Markt ein und bekommt zum Ausgleich einen Lohn oder Gehalt, der wiederum gegen Güter getauscht werden kann. Der persönliche Besitz wird direkt mit Leistung in Verbindung gebracht.
- Geld in der Verwendung als Rechenmittel
  Faktisch eignet sich Geld explizit auch als Rechenmittel und zur Wertmessung. Beispielsweise können Vermögenswerte, wie eine Liegenschaft, ein zweispuriges KFZ, eine HiFi-Stereoanlage der Referenzklasse, zielführend zu einem Gesamtgüterwert addiert werden.
- Geld in der Verwendung als Wertübertragungsmittel
  Ein Kreditnehmer erfüllt die zugrunde liegenden Vergaberichtlinien, indem die Bankinstitution den vereinbarten Darlehensbetrag an ihn überträgt. Auch im Fall der Erbschaft geht der materielle Wert auf eine andere Person über.

- Geld in der Verwendung als Wertaufbewahrungsmittel
  Zurückkommend auf den in Punkt 1 angeführten Sachverhalt zu Lohn oder Gehalt als Äquivalent zur Einbringung von Leistung in den Markt, wird ein Teil des Geldes gespart, also vorerst nicht wieder getauscht. Die kontroversen Standpunkte zu diesem Thema sind bekannt. Es wird jedoch als Usus angenommen, indem der Wert des Geldes aufbewahrt wird.
- Geld in der Verwendung als Zahlungsmittel
  Der Primärunterschied zu der Verwendung als Tauschmittel (Punkt 1) besteht lediglich darin, dass bei der Verwendung als Zahlungsmittel keine unmittelbare oder direkte Gegenleistung geboten wird. Zur Veranschaulichung können Beispiele des Bezahlens einer KFZ-Radarstrafe oder das Geldgeschenk an eine begünstigte Person gelistet werden.

Der Einsatz und die Nutzung von Geld liefern dem Handel sowie den Wirtschaftssubjekten eine Reihe von Vorteilen. Den Teilnehmerinnen und Teilnehmern der Wirtschaft steht es frei, Entscheidungen zum Konsum oder zur Investition zu treffen. Hierzu werden essenzielle Informationen bereitgestellt, die sich durch die Bewertungs- und Rechenfunktion des Geldes optimal generieren lassen. Somit können ökonomisch basierende Beschlüsse gefasst werden. In Hinblick auf die Transaktionskosten, Spesen und Gebühren werden kontroverse Auffassungen vertreten. Die positive Geldwirkung darf hier als umstritten bezeichnet werden. Ein erleichterter, beschleunigter sowie optimierter Prozess muss nicht Kosten reduzierend sein. Der Standpunk der Betrachtung ist hier wesentlich, ob tatsächlich von einer Prozessoptimierung gesprochen werden kann (Gischer et al. 2004, S. 14 f.).

Geld kann die angeführten Funktionen demnach nur erfüllen, wenn es ganz bestimmte Eigenschaften aufweist. Während sich das Medium mittels der Teilbarkeit in kleinere Einheiten zergliedern lässt, ohne dass die Gesamtsumme an Wert verliert, verhindert die Haltbarkeit den Substanzverlust im Zahlungsverlauf (Jarchow 1990, S. 17 f.).

1.3 Die Komplexität des bargeldlosen Geldtransfers

Einerseits widerspiegelt eine günstige und rasch abzuwickelnde SEPA-Überweisung den digitalen Fortschritt im europäischen Zahlungsverkehr, andererseits lässt sich diese vermeintlich optimale Form des Überweisens derzeit nur in der

Währung Euro bewerkstelligen. Genau an diesem Punkt beginnt die Ableitung zahlreicher regulatorisch-theoretischer und empirisch-operativer Divergenzen.

Dementsprechend trägt die Konsistenz soziodemografischer und regionalspezifischer Gepflogenheiten massiv dazu bei, dass Uneinheitlichkeit – und nicht die geforderte und geförderte Vereinheitlichung unterschiedlicher europäischer Areale – eintritt. Konkret auf den Zahlungsverkehr bezogen bedeutet dies, dass der europäische Kontinent als solcher die Basis, die Plattform bildet. Wir sprechen von europäischen Staaten mit zahlreichen Abkommen, Bündnissen, Unionen und bi- bzw. multilateralen Verträgen. Die wohl bekannteste Union ist die Europäische Union (EU), die wiederum aus zugehörigen Ländern Europas gebildet wurde und laufend wird. Deduziert gibt es die SEPA (Single Euro Payment Area), welche ebenfalls aus Mitgliedsstaaten besteht. Diese Mitgliedsländer können, müssen jedoch nicht der EU angehören. Sie müssen auch nicht den Euro als Landeswährung führen, um an der SEPA teilzunehmen (Huch 2013, S. 53–58).

Einer SEPA-Überweisung liegt keine einheitliche Preisgestaltung zugrunde. Lediglich „darf" eine Transaktion nicht teurer sein als eine jeweilige Inlandsüberweisung. Das hat ableitend zur Folge, dass die Kostengünstigkeit einer SEPA-Überweisung ein Relativum in sich birgt, denn die Stabilität, die sogenannte Stärke oder Festigkeit von nicht-Euro-Währungen zum EUR, ist differierend. Dessen variablen Aspekten nicht genug, liegen in Europa, in der EU und in der SEPA – wie erwähnt – unterschiedliche Währungen, aber auch unterschiedliche Möglichkeiten zur Entgeltdefinition einer Überweisungstransaktion zugrunde. Genau drei Arten von Entgeltregelungen können vom Überweiser angewandt werden (Altmann et al. 2019, S. 146–151).

- Zum einen gibt es SHA (share – Teilung), ergo die (einzig mögliche) SEPA, Standard- oder Basisvariante. Überweiser und Empfänger tragen jeweils ihre, vom Finanzinstitut eingehobenen, Spesen.
- Zum anderen spricht man von BEN und OUR. BEN (Beneficiary – Begünstigter) besagt, dass alle anfallenden Entgelte der Empfänger trägt. An dieser Position darf angemerkt werden, dass die Wertigkeit, die Kaufkraft eines Euros – in Europa – stark differiert.
- Die unter expliziten Fachkreisen höchst kontrovers diskutierte dritte Option, OUR (uns, wir, Absender), definiert sich dadurch, dass alle Entgelte vom Überweiser getragen werden. Somit muss – oder besser sollte – der Transaktionsbetrag genau am Empfängerkonto aufscheinen, weltweit.

Fakt ist, dass dieses Konvolut an unterschiedlichsten und uneinheitlichen Aspekten zu Diskrepanzen, Divergenzen und generellen Unzufriedenheiten – aus verschiedensten Blickwinkel erörtert – führen (Bramberger 2017a).

In diesem Buch werden Praxisfälle auf der einen Hand und die gesetzliche Regulatur auf der anderen Hand gleichermaßen untersucht. Die Leserin und der Leser generieren fokussierte Kompetenz und Wissen zum sofortigen theoretischen und operativen Einsatz.

Anmerkung Um Ihnen die bankinterne Hintergrundkomplexität einer Überweisung näher zu bringen, werden Ihnen mögliche – in eine Überweisungstransaktion – involvierte Konten wie folgt dargeboten (USD – US-Dollar Überweisung von einem EUR – Euro-Konto):

- Kundenkonto wird in EUR belastet. Der genaue Abrechnungsbetrag in USD inklusive Kurs und aller Entgelte muss auf der Abrechnung ersichtlich sein.
- Dementsprechend kann für die Bank ein Kursgewinn oder ein Kursverlust entstehen. Man darf von einem Kursgewinn ausgehen. Diesem bankinternen Konto wird der Kursgewinn gutgeschrieben (die Bank kauft die Währung günstiger ein, als sie der Kundin oder dem Kunden verkauft wird).
- Grundsätzlich gibt es einen Valuten und einen Devisenkurs. Beide Kurse differieren.
  - Valuten sind physisch. Sie kaufen sich z. B. USD am Bankschalter und stecken diese in Ihre Geldbörse.
  - Devisen liegen unserem Fall zugrunde. Es fließt kein Bargeld.
  - Beim An- oder Verkauf von Währungen, egal ob Valuten oder Devisen, wird immer von der Sicht der Bank ausgegangen, ergo gibt es:

    Ankaufs- oder Geldkurs

    Verkaufs- oder Briefkurs

    Den Kurs, um den die Bank eine Währung einkauft nennt man auch Mittelkurs.

    Somit gibt es einen Mittelkurs, Ankaufs- und Verkaufskurs für Valuten und Devisen. Devisen bilden die Basis im bargeldlosen Zahlungsverkehr.
- Bankintern können Devisen mittels Konten in den jeweiligen Währungen und dazugehörigen EUR-Gegenkonten verwaltet werden.
- Für die Kundin oder den Kunden anfallende Spesen und Entgelte werden meist auf unterschiedlichste bankinterne Konten gebucht. Hier können ebenfalls – transaktionsbezogen – bis zu durchschnittlich fünf Konten hinterlegt sein.

- Zumeist steuert der zu überweisende Geldbetrag noch weitere Konten bei Partnerbanken, Routing- oder Clearinghäuser, Intermediary-Banks/Zwischenbanken an.

An der Stelle wird die Komplexität von Überweisungstransaktionen in Fremdwährungen nachdrücklich unterstrichen (Bramberger 2017c).

Problemstellungen aus der Praxis 2

Im Fokus des zweiten Hauptkapitels stehen reale Überweisungsbeispiele aus der Praxis. Basis der Analysen sind neben den Erklärungen der Ausgangssituation und etwaigen Konfliktauswirkungen auch die näheren Untersuchungen der Auswirkungen. Dementsprechend wird in drei aufeinanderfolgenden und in sich aufbauenden Schritten vorgegangen. Diese methodische und analytische Untersuchungsmethode erleichtert Ihnen den fachinhaltlichen Zugang zum Feld, ergo unterstützt Sie beim Verstehen der Thematik (Bramberger 2019, S. 7–12).

2.1 Überweisungen: Ausgangssituationen

A	Transaktion: Sie tätigen eine SEPA-Inlands-Überweisung im EU-SEPA-Raum (z. B. Deutschland oder Österreich)
B	Transaktion: Sie tätigen eine SEPA-Überweisung in ein EU-Land, welches nicht der EUR-Währungsunion angehört
C	Transaktion: Sie tätigen eine SEPA-Überweisung in die Schweiz von Bank Y1, Y2 und Y3
D	Transaktion: Sie begleichen eine Euro-Rechnung im EU-SEPA-Euro-Raum und befolgen die Anweisung: Alle Spesen zu Lasten Auftraggeber
E	Transaktion: Sie begleichen eine HUF-Rechnung (ungarische Forint) – im EU-SEPA-Raum – mittels der Währung EUR und befolgen die Anweisung: Alle Spesen zu Lasten Auftraggeber, **nicht!** Ihr Grund dafür: SEPA-Land!

M. Bramberger, *Non-SEPA-Entgeltregelungen im Zahlungsverkehr*, essentials,
https://doi.org/10.1007/978-3-658-27746-8_2

F	Transaktion: Sie überweisen sich selber (Eigenübertrag) innerhalb des EU-SEPA-Raumes einen Währungsgeldbetrag eines Landes – auf Ihr z. B. in Deutschland oder Österreich geführtes Konto –, welches nicht der EUR-Währungsunion angehört, jedoch EU- und SEPA-Land ist. Sie wählen dabei die Standard-Gebührenoption **„SHA“** (Spesenteilung)
G	Transaktion: Sie überweisen sich selber (Eigenübertrag) innerhalb des EU-SEPA-Raumes einen Währungsgeldbetrag eines Landes – auf Ihr z. B. in Deutschland oder Österreich geführtes Konto –, welches nicht der EUR-Währungsunion angehört, jedoch EU- und SEPA-Land ist. Sie wählen dabei die Gebührenoption **„OUR“** (alle Spesen zu Lasten Auftraggeber)
H	Transaktion: Sie überweisen sich selber (Eigenübertrag) von außerhalb der Europäischen Union, SEPA-Raum und von außerhalb Europas einen Währungsgeldbetrag eines Landes – auf Ihr z. B. in Deutschland oder Österreich geführtes Konto –, welches nicht der EUR-Währungsunion angehört. Sie wählen dabei die Gebührenoption **„OUR“** (Alle Spesen zu Lasten Auftraggeber)
I	Transaktion: Sie tätigen eine Euro-Überweisung in ein europäisches – nicht-EU und nicht-SEPA-Land mit der Standard-Gebührenoption **„SHA“** (Spesenteilung)
J	Transaktion: Sie tätigen eine Euro-Überweisung in ein europäisches – nicht-EU und nicht-SEPA-Land mit der Gebührenoption **„BEN“** (Alle Spesen zu Lasten Empfänger)
K	Transaktion: Bitte um Bedacht darauf, dass Sie auch der Empfänger der genannten Transaktionen sein könnten. In solchen Fällen ist die jeweilige Ausgangsbasis teilweise differenziert bzw. umgekehrt zu beleuchten

2.2 Überweisungen: Konfliktauswirkungen

A	Transaktion: Sie tätigen eine SEPA-Inlands-Überweisung im EU- und SEPA-Raum (z. B. Deutschland oder Österreich) Mögliche Konfliktauswirkung: Der Empfänger reklamiert bei Ihnen eine zu lange Überweisungsdauer, stellt Ihre Angaben zum Überweisungszeitpunkt in Frage und beklagt einen zu gering erhaltenen Geldbetrag

B	Transaktion: Sie tätigen eine SEPA-Überweisung in ein EU-Land, welches nicht der EUR-Währungsunion angehört Mögliche Konfliktauswirkung: Der Empfänger reklamiert bei Ihnen eine zu lange Überweisungsdauer, stellt Ihre Angaben zum Überweisungszeitpunkt in Frage und beklagt einen zu gering erhaltenen Geldbetrag
C	Transaktion: Sie tätigen eine SEPA-Überweisung in die Schweiz von Bank Y1, Y2 und Y3 Mögliche Konfliktauswirkung: Bank Y1: Der EUR-Geldbetrag ist am nächsten Bankwerktag am Empfängerkonto eingelangt. Es entstanden für Sie keine transaktionsbezogenen Kosten Bank Y2: Der EUR-Geldbetrag ist am nächsten Bankwerktag am Empfängerkonto eingelangt. Es entstanden für Sie transaktionsbezogene Kosten Bank Y3: Der EUR-Geldbetrag ist circa drei Tage später am Empfängerkonto eingelangt. Es entstanden für Sie erhebliche transaktionsbezogene Kosten. Der Empfänger reklamiert bei Ihnen eine zu lange Überweisungsdauer, stellt Ihre Angaben zum Überweisungszeitpunkt in Frage
D	Transaktion: Sie begleichen eine Euro-Rechnung im EU-SEPA-Euro-Raum und befolgen die Anweisung: Alle Spesen zu Lasten Auftraggeber Mögliche Konfliktauswirkung: Es entstanden für Sie erhebliche transaktionsbezogene Kosten. Der Empfänger reklamiert bei Ihnen eine zu lange Überweisungsdauer, stellt Ihre Angaben zum Überweisungszeitpunkt in Frage
E	Transaktion: Sie begleichen eine HUF-Rechnung (ungarische Forint) – im EU-SEPA-Raum – mittels der Währung EUR und befolgen die Anweisung: Alle Spesen zu Lasten Auftraggeber, nicht! Ihr Grund dafür: SEPA-Land! Mögliche Konfliktauswirkung: Der Empfänger reklamiert bei Ihnen eine zu lange Überweisungsdauer, stellt Ihre Angaben zum Überweisungszeitpunkt in Frage und beklagt einen zu gering erhaltenen Geldbetrag
F	Transaktion: Sie überweisen sich selber (Eigenübertrag) innerhalb des EU-SEPA-Raumes einen Währungsgeldbetrag eines Landes – auf Ihr z. B. in Deutschland oder Österreich geführtes Konto derselben Währung –, welches nicht der EUR-Währungsunion angehört, jedoch EU- und SEPA-Land ist (z. B. HRK – kroatische Kuna). Sie wählen dabei die Standard-Gebührenoption **„SHA"** (Spesenteilung) Mögliche Konfliktauswirkung: Es entstanden für Sie erhebliche transaktionsbezogene Kosten. Die Überweisungsdauer beträgt zwischen zwei und fünf Bankwerktagen und es kommt wesentlich weniger Geldbetrag an

G	Transaktion: Sie überweisen sich selber (Eigenübertrag) innerhalb des EU-SEPA-Raumes einen Währungsgeldbetrag eines Landes – auf Ihr z. B. in Deutschland oder Österreich geführtes Konto derselben Währung –, welches nicht der EUR-Währungsunion angehört, jedoch EU- und SEPA-Land ist. Sie wählen dabei die Gebührenoption **„OUR"** (alle Spesen zu Lasten Auftraggeber) Mögliche Konfliktauswirkung: Es entstanden für Sie erhebliche transaktionsbezogene Kosten. Die Überweisungsdauer beträgt zwischen zwei und fünf Bankwerktagen
H	Transaktion: Sie überweisen sich selber (Eigenübertrag) von außerhalb der Europäischen Union, SEPA-Raum und von außerhalb Europas einen **geringen zweistelligen** Währungsgeldbetrag eines Landes (bezogen auf den Euro-Gegenwert) – auf Ihr z. B. in Deutschland oder Österreich geführtes Konto –, welches nicht der EUR-Währungsunion angehört. Sie wählen dabei die Gebührenoption **„OUR"** (alle Spesen zu Lasten Auftraggeber) Mögliche Konfliktauswirkung: Es entstanden für Sie beinahe so hohe transaktionsbezogene Kosten, als der Überweisungsbetrag an sich ausmachte. Die Überweisungsdauer beträgt zwischen zwei und fünf Bankwerktagen
I	Transaktion: Sie tätigen eine Euro-Überweisung in ein europäisches – nicht-EU und nicht-SEPA-Land mit der Standard-Gebührenoption **„SHA"** (Spesenteilung) Mögliche Konfliktauswirkung: Es entstanden für Sie erhebliche transaktionsbezogene Kosten. Die Überweisungsdauer beträgt zwischen zwei und fünf Bankwerktagen und es kommt wesentlich weniger Geldbetrag an
J	Transaktion: Sie tätigen eine mittlere zweistellige Euro-Überweisung in ein europäisches – nicht-EU und nicht-SEPA-Land mit der Gebührenoption **„BEN"** (Alle Spesen zu Lasten Empfänger) Mögliche Konfliktauswirkung: Es entstanden für Sie **keine** transaktionsbezogene Kosten. Die Überweisungsdauer beträgt zwischen zwei und fünf Bankwerktagen, der Empfänger beklagt einen zu gering erhaltenen Geldbetrag
K	Transaktion: Bitte um Bedacht darauf, dass Sie auch der Empfänger der genannten Transaktionen sein könnten. In solchen Fällen ist die jeweilige Ausgangsbasis teilweise differenziert bzw. umgekehrt zu beleuchten

2.3 Überweisungen: Erklärungen zu den Konfliktauswirkungen

A	**1. Transaktion** Sie tätigen eine SEPA-Inlands-Überweisung im EU- und SEPA-Raum (z. B. Deutschland oder Österreich) **2. Mögliche Konfliktauswirkung** Der Empfänger reklamiert bei Ihnen eine zu lange Überweisungsdauer, stellt Ihre Angaben zum Überweisungszeitpunkt in Frage und beklagt einen zu gering erhaltenen Geldbetrag **3. Erklärung der Konfliktauswirkung** *Zeit:* Sie haben die Überweisung z. B. am Freitagabend (zu spät) beauftragt. Darauf erfolgte das Wochenende und im ungünstigsten Fall – in Bezug auf die Überweisung – in der darauffolgenden Woche auch noch am Montag ein Feiertag *Zu geringer Betrag:* Der Empfänger gab Ihnen eventuell eine IBAN von einem Fremdwährungskonto, da er sich dachte, dort Geld zu benötigen oder Sie haben, anhand der Rechnung, eine falsche Bankverbindung herangezogen. Z. B. nicht die Euro-IBAN, sondern die GBP-IBAN. Durch die Konvertierung des eingelangten EUR-Geldbetrages in die Währung GBP, wurde dann in Folge einerseits eine Kursgebühr verrechnet *Spesen:* Andererseits wurde die Transaktion aufgrund der nicht-EUR-Währung als Auslandszahlung ge- und hinsichtlich der Spesen auch bewertet. Transaktionsbezogene Kosten fielen für den Empfänger an
B	**1. Transaktion** Sie tätigen eine SEPA-Überweisung in ein EU-Land, welches nicht der EUR-Währungsunion angehört **2. Mögliche Konfliktauswirkung** Der Empfänger reklamiert bei Ihnen eine zu lange Überweisungsdauer, stellt Ihre Angaben zum Überweisungszeitpunkt in Frage und beklagt einen zu gering erhaltenen Geldbetrag **3. Erklärung der Konfliktauswirkung** *Zeit:* Der Empfänger führt ein EUR-Konto: Der Geldbetrag ist am nächsten Bankwerktag am Empfängerkonto. Der Empfänger führt ein Konto in der Landeswährung: Der Geldbetrag muss konvertiert werden. Die Währungskonvertierung kann unter Umständen ein bis zwei Tage Zeit in Anspruch nehmen *Zu geringer Betrag:* Durch die Konvertierung des eingelangten EUR-Geldbetrages in die Landeswährung, wurde eine Kursgebühr/Konvertierungsgebühr verrechnet *Spesen:* Die Transaktion wurde aufgrund der nicht-EUR-Währung als Auslandszahlung ge- und hinsichtlich der Spesen auch bewertet. Transaktionsbezogene Kosten fielen für den Empfänger an

C	**1. Transaktion** Sie tätigen eine SEPA-Überweisung in die Schweiz von Bank Y1, Y2 und Y3 **2. Mögliche Konfliktauswirkung** Bank Y1: Der EUR-Geldbetrag ist am nächsten Bankwerktag am Empfängerkonto eingelangt. Es entstanden für Sie keine transaktionsbezogenen Kosten Bank Y2: Der EUR-Geldbetrag ist am nächsten Bankwerktag am Empfängerkonto eingelangt. Es entstanden für Sie transaktionsbezogene Kosten Bank Y3: Der EUR-Geldbetrag ist circa drei Tage später am Empfängerkonto eingelangt. Es entstanden für Sie erhebliche transaktionsbezogene Kosten. Der Empfänger reklamiert bei Ihnen eine zu lange Überweisungsdauer, stellt Ihre Angaben zum Überweisungszeitpunkt in Frage **3. Erklärung der Konfliktauswirkung** Bank Y1: Die Bank erkennt die Schweiz – hinsichtlich des Zahlungsverkehrs – als vollwertiges Mitglied an Bank Y2: Die Bank wickelt die Transaktion zeitlich wie eine SEPA-Überweisung ab, verrechnet jedoch einen „Mischtarif" oder „Schweiz-Tarif" Bank Y3: Die Bank erkennt die Bank nicht als EU-Mitglied an und dementsprechend auch nicht als SEPA-Land. Es wird der Standardpreis für eine Auslandsüberweisung verrechnet. Ebenfalls hat das Handling eine längere Überweisungsdauer zugrunde liegen
D	**1. Transaktion** Sie begleichen eine Euro-Rechnung im EU-SEPA-Euro-Raum und befolgen die Anweisung: Alle Spesen zu Lasten Auftraggeber **2. Mögliche Konfliktauswirkung** Es entstanden für Sie erhebliche transaktionsbezogene Kosten. Der Empfänger reklamiert bei Ihnen eine zu lange Überweisungsdauer, stellt Ihre Angaben zum Überweisungszeitpunkt in Frage **3. Erklärung der Konfliktauswirkung** Durch die bewusste Steuerung der Spesenregelung „OUR" (wie auf der Rechnung angegeben), wichen Sie von der SEPA-Variante ab. Es entstand eine Auslandsüberweisung mit zusätzlichem „OUR"-Entgelt. Ebenfalls hat das Handling eine längere Überweisungsdauer zugrunde liegen
E	**1. Transaktion** Sie begleichen eine HUF-Rechnung (ungarische Forint) – im EU-SEPA-Raum – mittels der Währung EUR und befolgen die Anweisung: Alle Spesen zu Lasten Auftraggeber, nicht! Ihr Grund dafür: SEPA-Land! **2. Mögliche Konfliktauswirkung** Der Empfänger reklamiert bei Ihnen eine zu lange Überweisungsdauer, stellt Ihre Angaben zum Überweisungszeitpunkt in Frage und beklagt einen zu gering erhaltenen Geldbetrag **3. Erklärung der Konfliktauswirkung** Für Sie entstehen keine transaktionsbezogenen Kosten. Der Empfänger führt kein EUR-Konto, sondern ein HUF-Konto. Der eingelangte EUR-Geldbetrag musste in die kontoführende Währung HUF konvertiert werden. Dabei fielen Kosten für den Empfänger an

F	**1. Transaktion** Sie überweisen sich selber (Eigenübertrag) innerhalb des EU-SEPA-Raumes einen Währungsgeldbetrag eines Landes – auf Ihr z. B. in Deutschland oder Österreich geführtes Konto derselben Währung –, welches nicht der EUR-Währungsunion angehört, jedoch EU- und SEPA-Land ist (z. B. HRK – kroatische Kuna). Sie wählen dabei die Standard-Gebührenoption **„SHA“** (Spesenteilung) **2. Mögliche Konfliktauswirkung** Es entstanden für Sie erhebliche transaktionsbezogene Kosten. Die Überweisungsdauer beträgt zwischen zwei und fünf Bankwerktagen und es kommt wesentlich weniger Geldbetrag an **3. Erklärung der Konfliktauswirkung** Es liegt eine Auslandsüberweisung vor. Intermediary-Banks behielten sich für Ihre Dienstleistung jeweils einen Geldbetrag ein und leiteten den verringerten Geldbetrag weiter
G	**1. Transaktion** Sie überweisen sich selber (Eigenübertrag) innerhalb des EU-SEPA-Raumes einen Währungsgeldbetrag eines Landes – auf Ihr z. B. in Deutschland oder Österreich geführtes Konto derselben Währung –, welches nicht der EUR-Währungsunion angehört, jedoch EU- und SEPA-Land ist. Sie wählen dabei die Gebührenoption **„OUR“** (alle Spesen zu Lasten Auftraggeber) **2. Mögliche Konfliktauswirkung** Es entstanden für Sie erhebliche transaktionsbezogene Kosten. Die Überweisungsdauer beträgt zwischen zwei und fünf Bankwerktagen **3. Erklärung der Konfliktauswirkung** Es liegt eine Auslandsüberweisung vor. Sie haben zusätzlich zu den Kosten für die Transaktionsart auch das „OUR“ Entgelt zu bezahlen
H	**1. Transaktion** Sie überweisen sich selber (Eigenübertrag) von außerhalb der Europäischen Union, SEPA-Raum und von außerhalb Europas einen **geringen zweistelligen** Währungsgeldbetrag eines Landes (bezogen auf den Euro-Gegenwert) – auf Ihr z. B. in Deutschland oder Österreich geführtes Konto –, welches nicht der EUR-Währungsunion angehört. Sie wählen dabei die Gebührenoption **„OUR“** (alle Spesen zu Lasten Auftraggeber) **2. Mögliche Konfliktauswirkung** Es entstanden für Sie beinahe so hohe transaktionsbezogene Kosten, als der Überweisungsbetrag an sich ausmachte. Die Überweisungsdauer beträgt zwischen zwei und fünf Bankwerktagen **3. Erklärung der Konfliktauswirkung** Es liegt eine Auslandsüberweisung vor. Sie haben zusätzlich zu den Kosten für die Transaktionsart auch das „OUR“ Entgelt zu bezahlen, welches pauschal in einer Staffelung geregelt ist. Dementsprechend können die angefallenen Spesen und Entgelte beinahe so hoch sein wie der zu überweisende Geldbetrag

I	**1. Transaktion** Sie tätigen eine Euro-Überweisung in ein europäisches – nicht-EU und nicht-SEPA-Land mit der Standard-Gebührenoption **„SHA“** (Spesenteilung) **2. Mögliche Konfliktauswirkung** Es entstanden für Sie erhebliche transaktionsbezogene Kosten. Die Überweisungsdauer beträgt zwischen zwei und fünf Bankwerktagen und es kommt wesentlich weniger Geldbetrag an **3. Erklärung der Konfliktauswirkung** Es liegt eine Auslandsüberweisung vor. Intermediary-Banks behielten sich für Ihre Dienstleistung jeweils einen Geldbetrag ein und leiteten den verringerten Geldbetrag weiter
J	**1. Transaktion** Sie tätigen eine mittlere zweistellige Euro-Überweisung in ein europäisches – nicht-EU und nicht-SEPA-Land mit der Gebührenoption **„BEN“** (Alle Spesen zu Lasten Empfänger) **2. Mögliche Konfliktauswirkung** Es entstanden für Sie **keine** transaktionsbezogene Kosten. Die Überweisungsdauer beträgt zwischen zwei und fünf Bankwerktagen, der Empfänger beklagt einen zu gering erhaltenen Geldbetrag **3. Erklärung der Konfliktauswirkung** Es liegt eine Auslandsüberweisung vor. Für Sie entstanden keine transaktionsbezogenen Kosten. Die Absenderbank und Intermediary-Banks behielten sich für Ihre Dienstleistung jeweils einen Geldbetrag ein und leiteten den verringerten Geldbetrag weiter
K	**1. Transaktion** Bitte um Bedacht darauf, dass Sie auch der Empfänger der genannten Transaktionen sein könnten. In solchen Fällen ist die jeweilige Ausgangsbasis **teilweise differenziert bzw. umgekehrt zu beleuchten**

2.4 Zahlungsdienstleister: Varianten der Preisgestaltung für Überweisungen

Die Frage nach der möglichen Preisgestaltung wird in diesem Unterkapitel näher untersucht. Sie werden sich einen kompetenten Überblick darüber verschaffen können, wie Banken oder Zahlungsdienstleister ihre Konditionen bestimmen und welche Möglichkeiten von Ansätzen es dazu gibt. Zuerst wird die Bank oder der Zahlungsdienstleister als solche/r beleuchtet.

Abhängig davon, welche geschäftsbezogenen Schwerpunkte und Hauptfelder Zahlungsdienstleister ansprechen, ob von großen internationalen Banken oder regionalen Dienstleistern gesprochen wird, gibt es in diverseste Länder der Welt entweder:

- direkte Bankverbindungen oder
- indirekte Bankverbindungen

Eine direkte Bankverbindung würde bedeuten, in dem zahlungsbedingt angesteuerten Land – zumeist bei einer Großbank –, aus Banksicht, direkt ein Konto zu führen (USD in die USA = USD-Konto beispielsweise bei der Bank of Amerika).

Eine indirekte Bankverbindung würde bedeuten, in dem zahlungsbedingt angesteuerten Land, aus Banksicht, kein Konto bei einer Bank zu führen. Damit Banken gegenseitig Konten – vor allem grenzüberschreitend – führen können, müssen einerseits permanent mannigfaltige bürokratische Aufwände betrieben werden, andererseits muss auch die Rentabilität gewährleistet sein. Dies führt zum Schluss, dass viele Dienstleister für ihre Überweisungen, ihren Zahlungsverkehr, große Banken im direkten Umfeld nützen und Verträge zur Zusammenarbeit aushandeln. Vor diesem Hintergrund werden bei einem oder mehreren Bankenpartnern sogenannte Nostrokonten eröffnet, in allen benötigten Währungen. In weiterer Folge sendet die Auftraggeberbank beispielsweise den USD Auftrag in die USA direkt an das USD-Nostrokonto bei der Partnerbank. Diese steuert den weiteren Verlauf der Überweisung. Selbstverständlich kann auch die Absenderbank diverse Zwischenbanken vorgeben, ergo das Routing (Leitwegsteuerung) selber bestimmen. Zur Preisfindung für die geleistete Dienstleistung der Partnerbank sind mehrere Faktoren ausschlaggebend:

- Wie viele Überweisungen (Volumen) führt der Bankenpartner für die Auftraggeberbank durch, bei denen er auch selber noch daran verdienen kann.
- In welcher Währung wird der Auftrag durchgeführt.
- Welche Spesen- oder Gebührenoption („SHA“ – „BEN“ – „OUR“) liegt vor.
- Wie hoch ist der Auftragsbetrag.
- Wohin, in welches Land, in welche Region der Welt wird überwiesen.
- Kommen Zusatzvereinbarungen zu tragen („Fixed Charges“ bei der Option „OUR“)

„Fixed Charges“ bei der Spesen- oder Gebührenoption „OUR“ (alle Spesen zu Lasten Auftraggeber) besagt Folgendes:

Sie beauftragen beispielshaft eine Überweisung in AUD (australische Dollar) nach Australien. Der Empfänger erwartet genau z. B. AUD 1000,00 auf seinem Konto, ohne weitere Gebühren bezahlen zu müssen. Um dieses zu bewerkstelligen wählen Sie die Option „OUR", welche beinhaltet, dass Sie – als Auftraggeber – alle Kosten der Überweisung tragen, nämlich:

- Ihre eigenen anfallenden transaktionsbedingten Kosten.
- Alle etwaig entstehenden Spesen durch Zwischenbanken.
- Alle Spesen und Entgelte der finalen Empfängerbank.

Daraus ergibt sich der Sachverhalt, dass der Empfänger AUD 1000,00, ohne Spesen oder Entgelte zu tragen, auf seinem Konto gut geschrieben erhält. Es wird an dieser Stelle für Sie ersichtlich, dass die gewählte Option „OUR" eine variable Komponente darstellt, weil nicht immer schon im Vorfeld der Leitweg einer Überweisung fest steht. Ist eine Zwischenbank, sind zwei oder drei Intermediary Banks in die Transaktion involviert? Nicht immer ist das Prozedere schon von Anfang an klar bestimmt. Dementsprechend können Spesen von einer – oder von mehreren Banken anfallen. Der abgeschlossene Vertrag zwischen der Auftraggeberbank und dem Bankenpartner kann nun einerseits vorsehen, dass die anfallenden Gebühren der Zwischenbanken „nach-und-nach" an die Absenderbank weitergeleitet werden, die dann wiederum ihren auftraggebenden Kunden „nach-und-nach" belastet, oder andererseits ein „Fixed Charges" oder „Guaranteed OUR Charges" Paket ausverhandelt wurde. Ein „Guaranteed OUR Charges" Paket könnte sein (zusätzlich zu den normal anfallenden transaktionsbedingten Entgelten):

- Überweisungsbetrag kleiner/gleich 15.000 EUR (oder Gegenwert in EUR): EUR 30,00
- Überweisungsbetrag EUR 15.000,01 bis 50.000,00 (oder Gegenwert in EUR): EUR 40,00
- Überweisungsbetrag ab EUR 50.000,01 (oder Gegenwert in EUR): EUR 50,00

Daraus erschließt sich, dass wenn wir bei Ihrer Überweisung von AUD 1000,00 bleiben, Sie zusätzlich zu den „normal" anfallenden Bankentgelten für diese Transaktion, EUR 30,00 „OUR" Spesen zu bezahlen haben. Der Vorteil für Sie: Der Empfänger erhält genau die vereinbarten AUD 1000,00 auf sein Konto gut geschrieben, ohne zusätzliche Kosten. In die Transaktion involvierte Intermediary Banks stellen die Kosten für ihre Dienstleistungen dem Bankenpartner der Absenderbank in Rechnung. Würden Sie in diesem Fall auf die angebotene Zusatzleistung „OUR" verzichten, könnte folgendes Prozedere eintreten:

- Sie haben mit dem Empfänger vereinbart, dass dieser genau AUD 1000,00 – ohne weitere Kosten – erhält.
- Sie verzichten auf die Option „OUR" und lassen die Standardvariante „SHA" zugrunde liegen.
- Sie bezahlen Ihre anfallenden Gebühren bei Ihrer Bank für die Überweisung.
- Der Bankenpartner Ihrer Bank behält sich AUD 25,00 ein und leitet AUD 975,00 an eine Zwischenbank – noch im Inland – weiter.
- Diese Bank behält sich AUD 20,00 ein und leitet AUD 955,00 an ihre Hauptanstalt in Sydney – Australien – weiter.
- Die Hauptanstalt in Sydney behält sich AUD 20,00 ein und leitet AUD 935,00 an die finale Empfängerbank weiter.
- Die finale Empfängerbank schreibt dem Empfängerkonto AUD 935,00 gut und verrechnet die Standardkosten für eine Auslandsüberweisung von z. B. AUD 30,00 (hier liegen wieder komplexe Berechnungsmöglichkeiten zugrunde).
- Der Empfänger erhält im Endeffekt nach circa drei bis fünf Bankwerktagen AUD 905,00 gut geschrieben.
- Der Empfänger wird damit nicht zufrieden sein und bei Ihnen reklamieren. Es fehlen AUD 95,00 (!)

Wie kann nun weiter vorgegangen werden? Wie wird die entstandene Differenz am ehesten, am besten, raschesten – aber auch am kostengünstigsten beglichen? Niemand will vernünftige Geschäftsbeziehungen gefährden oder generell in ein „schiefes Licht" gerückt werden!

Möglichkeit A
(Sie haben mehrere Überweisungen an den Empfänger oder eine stetige Geschäftsbeziehung):

- Sie vereinbaren, den Differenzbetrag bei der nächsten Überweisung aufzuschlagen und auch korrekt zu überweisen – mit der Option „OUR".

Möglichkeit B
(bei Privatpersonen und/oder einmaligen Überweisungen ist dies zu >95 % der Fall):

- Sie beauftragen eine **Eilüberweisung** über AUD 95,00 mit der Option „OUR".

Dieser Lösungsansatz bereinigt die Situation zwar rasch, jedoch:

- Sie bezahlen die Standardgebühr für eine Auslandsüberweisung. Gehen wir dabei beispielshaft von EUR 13,00 aus.
- Sie überweisen von einem EUR-Konto und es fallen Kursgebühren an. Sie wissen, die Bank kauft die Währung günstiger ein und verdient dabei, wenn Ihnen die Währung verkauft wird.
- Sie entscheiden sich, wie erwähnt, für eine Eilüberweisung. Diese kostet angenommen und realistisch eingeschätzt EUR 15,00
- Die „OUR“ Spesen, um sicher zu stellen, dass auch genau die AUD 95,00 am Empfängerkonto ankommen, kosten bis EUR 15.000,00 (oder Gegenwert in EUR) – in unserem Annahmefall, realistische EUR 30,00.

Zusammenfassendes Ergebnis

- Sie haben die Spesen und Entgelte für die erste Überweisung getragen. Da zumeist Mindestentgelte verrechnet werden können hier realistische **EUR 18,00** herangezogen werden.
- Für die Überweisung zum Ausgleich der Differenz, haben Sie ebenfalls die Standardentgelte für die Auslandsüberweisung zu tragen. Dabei gingen wir von **EUR 13,00** aus.
- Die Kursspanne lässt sich schwer beziffern. Bei diesem Betrag benennen wir angenommene **EUR 0,50.**
- Für die Kursspanne für die erste Überweisung ziehen wir **EUR 5,00** heran.
- Um die Angelegenheit rasch zu erledigen tätigten Sie eine Eilüberweisung. Hier gehen wir von **EUR 15,00** aus.
- Die „OUR“ Staffelgebühr schlägt mit realistischen **EUR 30,00** zu buche.

Ihre angefallenen Gesamtentgelte

EUR 18,00
EUR 13,00
EUR 0,50
EUR 5,00
EUR 15,00
EUR 30,00
EUR 81,50 angefallenes Gesamtentgelt für Transaktion 1 und Korrekturtransaktion 2

Es wird durch diese Veranschaulichung klar, dass fehlerhafte Überweisungen explizit kostenintensiv werden können.

Die grundsätzliche Berechnung der Spesen und Entgelte für nicht-SEPA-Überweisungen basiert zumeist auf einer Staffelmethode, wie wir sie auch bei der Erhebung des „OUR“ Entgeltes vorfinden, oder auf einer promille-basierten Erhebung mit einem Minimumbetrag. Beispielsweise wird Ihnen ein Fall wie folgt dargelegt:

Überweisung EUR 1000,00 nach Mazedonien
Die Bank verrechnet einen Pauschalbetrag von EUR 5,00 Bearbeitungsgebühr und z. B. 2,50 Promille des zu überweisenden Betrages (Durchführungsentgelt odgl.), mindesten jedoch EUR 10,00. Die Werte sind realistisch und können zwischen Schalterüberweisung und Online-Überweisung differieren. Dabei ist selbstverständlich die Schalterüberweisung preisintensiver.

2.5 Reklamationen

Abschn. 2.5 beschäftigt sich mit diversesten Auslösegründe für Reklamationen. Punktuell behandelt werden einerseits der Überweiser eines Geldbetrages, der Empfänger und die Absenderbank, andererseits die möglichen Intermediary Banks, ergo Zwischenbanken und die Empfängerbank. Sie werden sich rasch einen Überblick darüber verschaffen, wie Reklamationen durch verschiedenste mitwirkende Akteure auftreten können. Das Hauptkapitel 4 setzt sich in weiterer Folge mit möglichen Lösungsansätzen und vorbeugender Prävention analytisch auseinander. Als interessierter Leser versetzen Sie sich demnach zukünftig in die Lage, Fehler bereits im Vorfeld zu erkennen bzw. diese konkret zu unterlassen. Ihr Provit daraus sind primär Zeit und Geld, da Reklamationsgebühren rasch einen hohen zweistelligen bzw. sogar dreistelligen Euro Geldbetrag betragen können.

2.5.1 Reklamationspotenzial: Auftraggeber

Hier überprüfen wir den Überweiser, den Auftraggeber einer Geldtransaktion als möglichen Initiator einer Reklamation. Näher beleuchtet lassen sich folgende Gründe bzw. potenzielle Faktoren punktuell umreißen:

- Überweisungsart (SEPA; nicht-SEPA)
- Überweisungszeitpunkt
- Betragshöhe

- Währung
- Spesenoption („BEN" – „OUR" – „SHA")
- Empfängerbank
- Kontonummer
- Empfängername (generell Empfängerdaten)
- Verwendungszweck
- Betrag am Konto nicht verfügbar
- Nicht erreichbar für wesentliche Fragen

2.5.2 Reklamationspotenzial: Empfänger

Der Überweisungsempfänger kann vor allem bereits im Vorfeld der Transaktion eine fehlerhafte Überweisung insofern einleiten, als dass er genau im umgekehrten Sinn, die Punkte aus Abschn. 2.5.1 inkorrekt angibt. Es darf an der Stelle nicht unerwähnt bleiben, dass es speziell im asiatischen Raum zu Problemen führt, wenn Privatpersonen aus einer offensichtlichen Geschäftsbeziehung einen Zahlungseingang von einer nicht-privaten-Person, ergo von einem Unternehmer/Unternehmen erhalten. Ein weiterer fataler reklamationsauslösender Grund wäre es, wenn die Bank des Empfängers nicht für den internationalen Zahlungsverkehr (etwaig mittels SWIFT) ausgerichtet ist und demnach nur eine sogenannte „Domestic Bank" darstellt, welche nur den inländischen Zahlungsverkehr zu bewerkstelligen vermag. Ich solchen Situationen ist es meist der Fall, dass der Empfänger diese wesentliche Information nicht hat bzw. nie erhielt. Ein weiterer signifikanter Grund könnte sein, dass der Empfänger namentlich auf international sanktionierten Listen aufscheint.

2.5.3 Reklamationspotenzial: Absenderbank

Auch die Absenderbank kann durch mannigfaltige Gründe eine kostenintensive Reklamation auslösen. Unten angeführt einige wesentliche Beispiele:

- Schreibfehler bzw. Tippfehler, Lesefehler bei der manuellen Sachbearbeitung
- Auftrag „geht unter" oder „bleibt liegen".
- Falsches Routing, inkorrekte Leitwegsteuerung
- Internal Policy – eine interne Richtlinie verbietet die Durchführung der Transaktion.
- Probleme mit dem ggf. Nostrokonto bei der Partnerbank
- Programm/EDV

2.5.4 Reklamationspotenzial: Intermediary Bank

Ebenso der Bankenpartner der Absenderbank oder eine weitere Zwischenbank können reklamationsauslösend sein:

- Fehler in der manuellen Sachbearbeitung
- Programm/EDV
- Falsches Routing, inkorrekte Leitwegsteuerung
- Auftrag „geht unter" oder „bleibt liegen".
- Internal Policy – eine interne Richtlinie verbietet die Durchführung der Transaktion.

Die möglichen Gründe decken sich beinahe mit den Gründen der Absenderbank. Genau jetzt lässt sich ableiten, dass kurze Wege mit direkten Verbindungen einen beachtlichen Vorteil ergeben.

2.5.5 Reklamationspotenzial: Empfängerbank

- Nur für den Inlandszahlungsverkehr ausgerichtet.
- Internal Policy – eine interne Richtlinie verbietet die Durchführung der Transaktion.
- Auftrag „geht unter" oder „bleibt liegen".
- Programm/EDV
- Fehler in der manuellen Sachbearbeitung
- „Übergenaue Handhabung" der Transaktion (einige Länder, vor allem im asiatischen Raum schreiben Geldbeträge nicht gut, wenn auch nur ein Beistrich, ein Punkt oder ein Leerzeichen in den angegebenen Daten fehlen [!])

Der Punkt „Internal Policy" kann generell mehrere Gründe beinhalten, wie auszugsweise:

- Der Empfänger ist namentlich auf einer sanktionierten Liste geführt.
- Der Wortlaut des Verwendungszwecks widerspricht einer Richtlinie (enthält z. B. Messer, Bombe, usw.).
- Es ergibt sich der Verdacht auf Geldwäsche oder Terrorfinanzierung.
- Angegebener Empfängername und Kontowortlaut stimmen nicht überein.
- Das angesteuerte Land ist mit einem Embargo behaftet.
- Kontonummer oder IBAN nicht korrekt.
- Konto gelöscht, u.v.m.

3 Gesetzliche Rahmenbedingungen

Der bargeldlose Zahlungsverkehr wird mittels vom Europäischen Parlament beschlossenen Gesetzen, die jeweils in nationales Recht umzusetzen sind, reguliert.

3.1 PSD II: Payment Services Directive II

In den letzten Jahren haben sich Sicherheitsrisiken für den elektronischen Zahlungsverkehr massiv erhöht. Das ist auf die hohe technische Komplexität der elektronischen Zahlungen, dem weltweit anwachsenden Volumen und zahlreichen neu aufkommenden Möglichkeiten von Zahlungsdiensten zurückzuführen. Sichere, schnelle und reibungslos funktionierende Zahlungsdienste sind eine entscheidende Bedingung für den Markt des Zahlungsverkehrs. Die Verwendung von Zahlungsdiensten muss dementsprechend in einem vor Risiken geschützten Umfeld stattfinden (Borchardt 2015; Dorfleitner et al. 2017; Hierl 2017).

Ein regulierter Zahlungsverkehr stellt eine notwendige und wesentliche Voraussetzung für das Funktionieren zentraler, regionaler und internationaler wirtschaftlicher Vorhaben dar. Zur Schließung von eventuellen Regulierungslücken müssen neue Richtlinien, Vorschriften und Gesetze vorgesehen werden. Des Weiteren ist es zielführend, mehr Rechtsklarheit zu schaffen und die EU-weit einheitliche Anwendung von rechtlichen Rahmenbedingungen sicherzustellen (Terlau 2016, S. 121 f.).

Das Bestreben einer stetigen und kontinuierlichen Weiterentwicklung eines in sich integrierenden Binnenmarktes für regulatorisch abgesicherte elektronische Zahlungen ist entscheidend für die Unterstützung eines wachsenden Wirtschaftsraums. Verbraucher, Händler und Unternehmen sollen durch differierende und zahlreiche Wahlmöglichkeit an Zahlungsdiensten auf der einen Seite, auch durch

M. Bramberger, *Non-SEPA-Entgeltregelungen im Zahlungsverkehr*, essentials,
https://doi.org/10.1007/978-3-658-27746-8_3

dargebotene Transparenz auf der anderen Seite, die Nützlichkeit der Vorteile des Binnenmarkts direkt generieren. Es ist als sinnvoll anzusehen, durch Regulierungen im Zahlungsverkehr eine Harmonisierung und sich steigernde Liberalisierung anzustreben (Huch 2014, S. 5 ff.).

Verschiedenste Akteure teilen sich das europäische Zahlungsverkehrsnetz, den europäischen Zahlungsverkehrsmarkt im Privatkundengeschäft einerseits und im Firmenkundengeschäft andererseits untereinander auf. Einige von ihnen arbeiten mit unterschiedlichen Zahlungsmethoden und sind in verschiedenen Bereichen der Wertschöpfungskette aktiv. Auch die Wettbewerbslandschaft ist sehr divers. Hieraus ergibt sich ein komplexer und hochgradig fragmentierter Markt (Barrie et al. 2016, S. 9).

Die PSD II macht ihr priorisiertes Ziel sehr deutlich. Zahlungsdienste sind eine wesentliche Voraussetzung für das Funktionieren zentraler wirtschaftlicher und gesellschaftlicher Tätigkeiten. Die Marktöffnung für neue Zahlungsmittel, Effizienzgewinn im Zahlungssystem, mehr Auswahl und Transparenz sind ebenfalls aktuelle Regulierungsziele. Des Weiteren liegt die Bestrebung darin, den bestehenden und neuen Marktteilnehmern gleichwertige Bedingungen für ihre Tätigkeiten offerieren zu können. Daneben wird die Stärkung des Verbrauchervertrauens – ebenso ein hoher Grad an Verbraucherschutz – explizit hervorgehoben. Wesentliches Regulierungsziel sei es zudem, einen integrierten Binnenmarkt – für rasche und sichere elektronische Zahlungen – kontinuierlich weiterzuentwickeln. Die Zersplitterung des europäischen Zahlungsverkehrsmarktes ist zu beenden, denn wichtige Bereiche des Zahlungsverkehrsmarktes sind nach wie vor entlang der nationalen Ebenen aufgeteilt. Einen Akzent legt die europäische Gesetzgebung auf das Thema Sicherheit. Nutzer von Zahlungsdiensten müssen angemessen vor Sicherheitsrisiken geschützt sein. Daraus leiten sich, lt. EU-Gesetzgeber, folgende Regulierungsmaßnahmen ab: Schließung von Regulierungslücken an den Stellen, an denen diverse technische Gegebenheiten dies erfordern, und mehr Rechtsklarheit – insbesondere im Anwendungsbereich und bei der Definition der Ausnahmebereiche sowie das Ziel der unionsweit einheitlichen Anwendung des vorgegebenen rechtlichen Rahmens – darzubieten (Bramberger 2017a; Huch 2014, S. 5 ff.; Mülbert 2017, S. 248 ff.; Terlau 2016, S. 124).

3.2 Divergenzen in der operativen Umsetzung

Die PSD II bietet aufgrund der Fokussierung auf Anforderungen und Pflichten hinreichend Raum für Gestaltungsmaßnahmen. Diese offenen Punkte gehen natürlich einher mit Risiken, welche in ihren Ausmaßen und der zu tragenden

Verantwortung zu definieren sind. Auch wenn die PSD II bereits spezifische Angaben zu Dokumentationspflichten und Entschädigungszeiträumen macht, bleiben weitere Risiken und Aufwendungen oft zu unklar definiert. Die hohe Last durch teilweise automatisierte Anfragen für die Banken etwa und die einhergehenden möglichen Angriffsszenarien durch Denial-of-Service-Attacken stellen große Herausforderungen dar, auf welche sich die Banken und Zahlungsdienstleister frühzeitig einzustellen haben oder im günstigsten Fall bereits eingestellt und strategisch ausgerichtet haben. Rechtzeitige Kenntnis der Anforderungen und technischen Implikationen können hier helfen, einerseits bei der Vorbereitung auf die Implementierungsphase, andererseits auch zum Nutzen strategischer Momente. Die bereits bestehenden und nutzbaren Synergien der beiden aktuellen Entwicklungsbereiche Technik und Markt lassen sich um eine dritte Dimension der Regulatorik, hier prominent vertreten durch die PSD II, erweitern. Zu ihrer positiven Nutzung und Vorbereitung auf Payments der Zukunft werden die Grundsteine bereits jetzt gelegt (Bramberger 2019; Mülbert 2017, S. 249 ff.; Wandhöfer 2010, S. 115 ff.).

3.3 Theorie versus Empirie

Unterschiedliche Vorgehensweisen in den einzelnen Ländern bei der Entgeltberechnung für die Nutzung eines bestimmten Zahlungsinstruments haben zu einer enormen Heterogenität des Zahlungsverkehrsmarkts in der Europäischen Union geführt und bei den Verbrauchern Verwirrung ausgelöst, insbesondere beim elektronischen Geschäftsverkehr und im grenzüberschreitenden Zahlungsverkehr (Canaris, Habersack und Schäfer 2015; Grundmann und Riesenhuber 2012, S. 263 ff.).

Zahlungssysteme an sich erheben teilweise Entgelte in Form einer Grundgebühr. Die Bestimmungen über die transferierten Beträge oder Entgelte haben keine unmittelbaren Auswirkungen auf die Preisbildung zwischen Zahlungsdienstleistern oder sonstigen zwischengeschalteten Stellen (Grundmann und Riesenhuber 2012, S. 263 ff.).

Bankinstitutionen berechnen Verbrauchern teilweise auch einen Aufschlag, der viel höher ist als die Kosten, die ihnen durch etwaige Nutzung diversester Zahlungsinstrumente entstehen. Deutlich für eine Überprüfung der Praxis der zusätzlichen Entgelte spricht des Weiteren die Tatsache, dass klare Vorschriften – auch über Interbankenentgelte – festgelegt sind.

Die zusätzlichen Entgelte werden von Banken auch als Vorgehensweise zur Kompensierung von Kosten verwendet. Im Interesse einer voll integrierten und vollautomatisierten Abwicklung von Zahlungen und im Interesse der Rechtssicherheit im Hinblick auf sämtliche Verpflichtungen der Zahlungsdienstnutzer untereinander muss der vom Zahler transferierte Betrag dem Konto des Zahlungsempfängers in voller Höhe gutgeschrieben werden (Huch 2013, S. 185).

3.4 Der gemeinsame Nenner

Um das Vertrauen der Verbraucher in einen harmonisierten Zahlungsmarkt zu stärken, ist es unbedingt notwendig, dass Zahlungsdienstnutzer die tatsächlichen Kosten und Entgeltforderungen der Zahlungsdienste kennen, um in weiterer Folge dementsprechend Entscheidungen zu treffen. Eine intransparente Preisgestaltung ist deswegen zu unterlassen, da diese es den Nutzern anerkanntermaßen extrem erschwert, den tatsächlichen Preis eines Zahlungsdienstes erkennen und bewerten zu können. Für den Nutzer ist eine ungünstige Wertstellung zu unterlassen, da eine klare Gesetzgebung der Valutierung von ausgehenden und eingehenden Geldbeträgen zugrunde liegt (Bamberger et al. 2017, S. 1780 ff.).

Die Umsetzung von Verordnungen zur Schaffung einheitlicher Standards hinsichtlich rascher und sicherer Zahlungsvorgänge ist ein aktuelles Thema (Amtsblatt der Europäischen Union, Nummer L337, 2015a: Absatz 25), dem bargeldlosen Geldtransfer wird oberste Priorität zugesprochen (Djazayeri 2011, S. 18).

Seit Inkrafttreten der ersten Zahlungsdienstrichtlinie im Jahr 2009 (PSD I) hat sich der Zahlungsverkehrsmarkt in technischer Hinsicht stark weiterentwickelt. Die Mannigfaltigkeit elektronischer Zahlungsdienstleistungen und deren praktische Bedeutung haben weiter stark zugenommen. Mobile Zahlungen in Real-time-Geschwindigkeit sind im Massenmarkt angekommen (Huch 2013, S. 46 f.).

Einigkeit und der sogenannte gemeinsame Nenner bestehen vorwiegend darin, dass sich Theorie und Praxis, bereits zugrunde liegende oder neu zu beschließende Gesetze und die mögliche oder unmögliche operative Umsetzen dieses, angleichen bzw. durch verbesserte gemeinsame Konversation und fachinhaltlichen Austausch der verantwortlichen Personenkreise, konstruktiv und zukunftsorientiert annähern.

4 Lösungsansätze

Anhand der Kap. 1–3 konnten Sie sich einen umfangreichen Überblick über den bargeldlosen Zahlungsverkehr und dessen Umgebung verschaffen. Im Kap. 4 werden Ihnen Lösungsansätze, Tipps & Tricks zu den Transaktionsbeispielen A-J dargeboten.

4.1 Lösungsansätze: Überweisungen

Nachfolgend werden Ihnen unter Punkt 4.), neben der nochmaligen Angaben – hinsichtlich eines besseren Verständnisses und zur strukturierteren Veranschaulichung der Thematik – zur Transaktion, möglicher Konfliktauswirkungen und Erklärungen dazu, nun diverse Lösungsansätze, Tipps & Tricks dargelegt.

A	**1. Transaktion** Sie tätigen eine SEPA-Inlands-Überweisung im EU- und SEPA-Raum (z. B. Deutschland oder Österreich) **2. Mögliche Konfliktauswirkung** Der Empfänger reklamiert bei Ihnen eine zu lange Überweisungsdauer, stellt Ihre Angaben zum Überweisungszeitpunkt in Frage und beklagt einen zu gering erhaltenen Geldbetrag **3. Erklärung der Konfliktauswirkung** *Zeit:* Sie haben die Überweisung z. B. am Freitagabend (zu spät) beauftragt. Darauf erfolgte das Wochenende und im ungünstigsten Fall – in Bezug auf die Überweisung – in der darauffolgenden Woche auch noch am Montag ein Feiertag *Zu geringer Betrag:* Der Empfänger gab Ihnen eventuell eine IBAN von einem Fremdwährungskonto, da er sich dachte, dort Geld zu benötigen oder Sie haben, anhand der Rechnung, eine falsche Bankverbindung herangezogen. Z. B. nicht die Euro-IBAN, sondern die GBP-IBAN. Durch die Konvertierung des eingelangten EUR-Geldbetrages in die Währung GBP, wurde dann in Folge einerseits eine Kursgebühr verrechnet

M. Bramberger, *Non-SEPA-Entgeltregelungen im Zahlungsverkehr,* essentials,
https://doi.org/10.1007/978-3-658-27746-8_4

	Spesen: Andererseits wurde die Transaktion aufgrund der nicht-EUR-Währung als Auslandszahlung ge- und hinsichtlich der Spesen auch bewertet. Transaktionsbezogene Kosten fielen für den Empfänger an **4. Lösungsansatz** • Wenn Sie im Inland, generell im SEPA-Raum eine Überweisung zu tätigen haben, nützen Sie die Gegebenheit. Egal in welcher Währung Sie eine Rechnung erhalten, informieren Sie sich, halten Sie Rücksprache, ob eine in EUR geführte SEPA-Überweisung möglich ist. Dabei handelt es sich um die rascheste, sicherste und kostengünstigste Möglichkeit, Geld zu transferieren – Wenn möglich, immer eine SEPA-Überweisung vorziehen • Kontrollieren Sie die Angaben auf Rechnungen genau. Falls mehrere Bankverbindungen oder Kontonummern/IBAN angeführt sind, entscheiden Sie sich für die EUR-Bankverbindung und tätigen eine SEPA-Überweisung • Für SEPA-Überweisungen muss die IBAN angegeben werden, es muss die Währung EUR überwiesen werden und es kann nur die Spesenoption „SHA" (sollte vorgegeben sein) gewählt werden. Ebenso muss Ihr Konto in der Währung EUR geführt sein, ergo ein EUR-Konto – Dies gilt auch für das Empfängerkonto. Ist das Empfängerkonto kein EUR-Konto, ist die Überweisung seitens des Empfängers keine SEPA-Überweisung, sondern eine Auslandsüberweisung. Die Kosten der Transaktion können auf der Seite des Empfänge intensiver ausfallen und die Dauer der Überweisung kann sich verzögern
B	**1. Transaktion** Sie tätigen eine SEPA-Überweisung in ein EU-Land, welches nicht der EUR-Währungsunion angehört **2. Mögliche Konfliktauswirkung** Der Empfänger reklamiert bei Ihnen eine zu lange Überweisungsdauer, stellt Ihre Angaben zum Überweisungszeitpunkt in Frage und beklagt einen zu gering erhaltenen Geldbetrag **3. Erklärung der Konfliktauswirkung** *Zeit:* Der Empfänger führt ein EUR-Konto: Der Geldbetrag ist am nächsten Bankwerktag am Empfängerkonto. Der Empfänger führt ein Konto in der Landeswährung: Der Geldbetrag muss konvertiert werden. Die Währungskonvertierung kann unter Umständen ein bis zwei Tage Zeit in Anspruch nehmen *Zu geringer Betrag:* Durch die Konvertierung des eingelangten EUR-Geldbetrages in die Landeswährung, wurde eine Kursgebühr/Konvertierungsgebühr verrechnet *Spesen:* Die Transaktion wurde aufgrund der nicht-EUR-Währung als Auslandszahlung ge- und hinsichtlich der Spesen auch bewertet. Transaktionsbezogene Kosten fielen für den Empfänger an

	4. Lösungsansatz • EU- und SEPA-teilnehmende-Länder müssen nicht den Euro als Landeswährung führen. Diese Gegebenheit steht permanent unter kritischer Diskussion – Um auf Absender- und Empfängerseite eine SEPA-Transaktion mit allen ihren Vorteilen zu generieren, müssen beide Konten in der Währung EUR geführt sein. Überweisen Sie dementsprechend Euro nach Kroatien (Kroatien ist ein EU-Land, Mitglied der SEPA, aber nicht in der Euro Währungsunion, denn die Landeswährung ist der kroatische Kuna (HRK), sollten Sie im Vorfeld klären, ob das Empfängerkonto in EUR geführt ist. Ist das Empfängerkonto ein HRK-Konto, wird der EUR-Geldbetrag in HRK konvertiert und es können erhebliche Kosten für den Empfänger anfallen. Der Empfänger hätte sich an der Stelle sicher eine HRK-Überweisung gewünscht. Im günstigsten Fall auch mit der Option „OUR". Für Sie hätte das zur Folge gehabt, dass eine Auslandsüberweisung mit hohen Grundkosten angefallen wäre. Ebenso wäre noch das Entgelt für die Option „OUR" hinzugekommen – *Der Unterschied für Sie:* Keine transaktionsbezogenen Kosten bei der SEPA-Überweisung auf der einen Hand, Auslandsüberweisungs-Entgelte und ggf. „OUR" Kosten auf der anderen Hand. Besprechen Sie immer im Vorfeld mit dem Empfänger die zugrunde liegenden Faktoren. Ein Anruf oder eine E-Mail zahlen sich meist definitiv aus
C	**1. Transaktion** Sie tätigen eine SEPA-Überweisung in die Schweiz von Bank Y1, Y2 und Y3 **2. Mögliche Konfliktauswirkung** Bank Y1: Der EUR-Geldbetrag ist am nächsten Bankwerktag am Empfängerkonto eingelangt. Es entstanden für Sie keine transaktionsbezogenen Kosten Bank Y2: Der EUR-Geldbetrag ist am nächsten Bankwerktag am Empfängerkonto eingelangt. Es entstanden für Sie transaktionsbezogene Kosten Bank Y3: Der EUR-Geldbetrag ist circa drei Tage später am Empfängerkonto eingelangt. Es entstanden für Sie erhebliche transaktionsbezogene Kosten. Der Empfänger reklamiert bei Ihnen eine zu lange Überweisungsdauer, stellt Ihre Angaben zum Überweisungszeitpunkt in Frage **3. Erklärung der Konfliktauswirkung** Bank Y1: Die Bank erkennt die Schweiz – hinsichtlich des Zahlungsverkehrs – als vollwertiges Mitglied an Bank Y2: Die Bank wickelt die Transaktion zeitlich wie eine SEPA-Überweisung ab, verrechnet jedoch einen „Mischtarif" oder „Schweiz-Tarif" Bank Y3: Die Bank erkennt die Bank nicht als EU-Mitglied an und dementsprechend auch nicht als SEPA-Land. Es wird der Standardpreis für eine Auslandsüberweisung verrechnet. Ebenfalls hat das Handling eine längere Überweisungsdauer zugrunde liegen

	4. Lösungsansatz • Die Schweiz halt mit der Europäischen Union bi-laterale Abkommen. Das Land ist nicht in der EU, nicht in der EUR-Währungsunion, hat jedoch einen SEPA-Mitgliedsstatus. Dieser Status kann, muss aber nicht anerkannt werden. Die daraus resultierenden Problem gehen klar hervor: – Informieren Sie sich bei Ihrer Bank oder bei Ihren Banken darüber, wie die Schweiz im bargeldlosen Zahlungsverkehr gehandhabt und behandelt wird – Möglichkeit 1: Die Schweiz wird voll als SEPA-Land anerkannt – Möglichkeit 2: Es gibt einen sogenannten „Schweiz-Tarif". Die Kosten für eine Überweisung sind niedriger als bei einer standard-Auslandsüberweisung. Trotzdem: Es fallen Spesen an – Möglichkeit 3: Die Schweiz wird als nicht-EU-Land behandelt. Somit kommt kein vergünstigter Tarif zu tragen, auch keine SEPA-Überweisung. Die Kosten einer „normalen" Auslandsüberweisung fallen für Sie an – Sollten Sie eine Rechnung aus der Schweiz in der Währung CHF (Schweizer Franken) erhalten, nehmen Sie sich die Zeit und erkundigen Sie sich beim Empfänger darüber, ob die Möglichkeit einer in Euro geführten SEPA-Überweisung besteht. Zumeist führen – zumindest Unternehmen – auch ein EUR-Konto – *Der Unterschied für Sie:* Keine transaktionsbezogenen Kosten bei der SEPA-Überweisung auf der einen Hand, Auslandsüberweisungs-Entgelte und ggf. „OUR" Kosten auf der anderen Hand
D	**1. Transaktion** Sie begleichen eine Euro-Rechnung im EU-SEPA-Euro-Raum und befolgen die Anweisung: Alle Spesen zu Lasten Auftraggeber **2. Mögliche Konfliktauswirkung** Es entstanden für Sie erhebliche transaktionsbezogene Kosten. Der Empfänger reklamiert bei Ihnen eine zu lange Überweisungsdauer, stellt Ihre Angaben zum Überweisungszeitpunkt in Frage **3. Erklärung der Konfliktauswirkung** Durch die bewusste Steuerung der Spesenregelung „OUR" (wie auf der Rechnung angegeben), wichen Sie von der SEPA-Variante ab. Es entstand eine Auslandsüberweisung mit zusätzlichem „OUR"-Entgelt. Ebenfalls hat das Handling eine längere Überweisungsdauer zugrunde liegen **4. Lösungsansatz** • Aufgrund von fachlichem Wissensmangel, der Einfachheit halber, oder als banale Präventivmaßnahme, haben es sich viele Unternehmen angeeignet, auf ihren ausgestellten Rechnungen den Text: „Alle Spesen zu Lasten des Auftraggebers" anzudrucken. Zumeist auch schriftlich fett unterlegt. Was bezweckt der Aufdruck: Die Unternehmen wollen damit sicherstellen, dass der ausgestellte Rechnungsbetrag auch tatsächlich der am Konto einlangenden Betragshöhe entspricht. Lautet die Rechnung auf EUR 1000,00, dann sollen auch EUR 1000,00 auf das Konto gut geschrieben werden, ohne zusätzliche Kosten – Der Rechnungsaussteller analysiert nicht, welche Art von Überweisung für den Rechnungsbegleicher möglich wäre, bzw. welche Transaktionsart die günstigste wäre. Der Empfänger will nur bewerkstelligt wissen, den vollen Rechnungsbetrag am Konto zu erhalten

	– Daraus ergeben sich kostenintensive Nachteile für den Überweiser, denn sehr oft wären SEPA-Überweisungen möglich. Sie wollen jedoch den Rechnungsaussteller zufrieden stellen, Ihre Ware erhalten und folgen den Ausführungen auf der Rechnung – Überprüfen Sie immer, ob eine SEPA-Überweisung möglich ist. Halten Sie Rücksprache mit dem Überweisungs-Empfänger – Der Unterschied für Sie: Schon bei einer einzigen Transaktion von angenommenen EUR 50,00 variieren Ihre zu bezahlenden Kosten zwischen EUR 0,00 und EUR 45,00 (!) – Besprechen Sie immer im Vorfeld mit dem Empfänger die zugrunde liegenden Faktoren. Ein Anruf oder eine E-Mail zahlen sich meist definitiv aus
E	**1. Transaktion** Sie begleichen eine HUF-Rechnung (ungarische Forint) – im EU-SEPA-Raum – mittels der Währung EUR und befolgen die Anweisung: Alle Spesen zu Lasten Auftraggeber, nicht! Ihr Grund dafür: SEPA-Land! **2. Mögliche Konfliktauswirkung** Der Empfänger reklamiert bei Ihnen eine zu lange Überweisungsdauer, stellt Ihre Angaben zum Überweisungszeitpunkt in Frage und beklagt einen zu gering erhaltenen Geldbetrag **3. Erklärung der Konfliktauswirkung** Für Sie entstehen keine transaktionsbezogenen Kosten. Der Empfänger führt kein EUR-Konto, sondern ein HUF-Konto. Der eingelangte EUR-Geldbetrag musste in die kontoführende Währung HUF konvertiert werden. Dabei fielen Kosten für den Empfänger an **4. Lösungsansatz** • Bei diesem Transaktions-Beispiel erkennen Sie die Auswirkung darauf, wenn ohne Rücksprache mit dem Empfänger, eigene – auf sich bezogene – Schlüsse gezogen werden. Korrekter Weise ist nach Ungarn, als EU- und SEPA-Land, auch eine SEPA-Überweisung (nur in der Währung Euro möglich) machbar. Wie auch beispielsweise Kroatien, ist Ungarn nicht in der EUR-Währungsunion – Der eingehende EUR-Betrag wurde in die Währung HUF konvertiert. Der Empfänger erhielt bereits weniger Geld auf das Konto gut geschrieben und hat nun zusätzlich die Kosten für eine eingehende Auslandsüberweisung zu tragen – Der Empfänger sendet Ihnen über den Differenzbetrag von angenommenen EUR 42,00 (Gegenwert, da HUF) eine erneute Rechnung. Diesen Geldbetrag überweisen Sie nun als Auslandsüberweisung und haben die Minimumgebühren von circa EUR 13,00 bis 18,00 zu tragen. Zusätzlich müssen die EUR 42,00 (Gegenwert, da HUF) genau – und ohne weitere Spesen für den Empfänger – am Konto einlangen. Das setzt voraus, dass Sie die Option „OUR“ heranziehen. Die Kosten dafür von circa EUR 25,00 bis 35,00 sind ebenso zu entrichten – Würde man im Vorfeld mit dem Empfänger in Kontakt treten und ein etwaig vorhandenes EUR-Konto erfragen, wäre die SEPA-Überweisung bestens platziert gewesen

F	**1. Transaktion** Sie überweisen sich selber (Eigenübertrag) innerhalb des EU-SEPA-Raumes einen Währungsgeldbetrag eines Landes – auf Ihr z. B. in Deutschland oder Österreich geführtes Konto derselben Währung –, welches nicht der EUR-Währungsunion angehört, jedoch EU- und SEPA-Land ist (z. B. HRK – kroatische Kuna). Sie wählen dabei die Standard-Gebührenoption **„SHA“** (Spesenteilung) **2. Mögliche Konfliktauswirkung** Es entstanden für Sie erhebliche transaktionsbezogene Kosten. Die Überweisungsdauer beträgt zwischen zwei und fünf Bankwerktagen und es kommt wesentlich weniger Geldbetrag an **3. Erklärung der Konfliktauswirkung** Es liegt eine Auslandsüberweisung vor. Intermediary-Banks behielten sich für Ihre Dienstleistung jeweils einen Geldbetrag ein und leiteten den verringerten Geldbetrag weiter **4. Lösungsansatz** • Sie tätigten eine Auslandsüberweisung mit der Spesenoption „SHA“. Die Vorgehensweise an und für sich ist korrekt. Auf ihrem Absender- und Empfängerkonto fielen Auslandsüberweisungs-Entgelte an. Aus der PSD II geht eindeutig hervor, dass sich Zwischenbanken bei der Option „SHA“ keine – den Überweisungsbetrag mindernden bzw. reduzierenden – Entgelte einbehalten dürfen – Leider halten sich nicht alle Finanzdienstleister an die gesetzlichen Vorgaben und wo kein Kläger, da kein Richter – Auf Ihrem Empfängerkonto kam ein verringerter Betrag an. Mitunter kann die Reduktion signifikant ausfallen – Überprüfen Sie Ihre Eingänge auch auf Plausibilität und halten Sie bei Auffälligkeiten unmittelbar Rücksprache mit Ihrem Finanzinstitut
G	**1. Transaktion** Sie überweisen sich selber (Eigenübertrag) innerhalb des EU-SEPA-Raumes einen Währungsgeldbetrag eines Landes – auf Ihr z. B. in Deutschland oder Österreich geführtes Konto derselben Währung –, welches nicht der EUR-Währungsunion angehört, jedoch EU- und SEPA-Land ist. Sie wählen dabei die Gebührenoption **„OUR“** (alle Spesen zu Lasten Auftraggeber) **2. Mögliche Konfliktauswirkung** Es entstanden für Sie erhebliche transaktionsbezogene Kosten. Die Überweisungsdauer beträgt zwischen zwei und fünf Bankwerktagen **3. Erklärung der Konfliktauswirkung** Es liegt eine Auslandsüberweisung vor. Sie haben zusätzlich zu den Kosten für die Transaktionsart auch das „OUR“ Entgelt zu bezahlen **4. Lösungsansatz** Die unter Transaktionsbeispiel F beschriebene Problematik führt sich hier weiter fort • Die Spesenoption „OUR“ wäre grundsätzlich nicht nötig – Für Sie ergibt sich ein zusätzliches Entgelt („OUR“), welches wahrscheinlich nicht nötig wäre, außer: – Das Entgelt für den Auslandsüberweisungs-Eingang bei Ihrer Empfängerbank ist höher als die „guaranteed OUR Entgelte“ bei Ihrer Absenderbank

	– Beispiel: Sie überweisen einen Eigenübertrag in der Währung HUF (ungarische Forint) im Gegenwert von EUR 100.000,00. Die Kosten bei Ihrer Absenderbank betragen – durch eine ausverhandelte Sonderkondition – EUR 150,00. Bei Ihrer Empfängerbank haben Sie dieselbe Kondition vereinbart. Dementsprechend würden Ihnen EUR 300,00 gesamt an Kosten entstehen – Hinterfragen Sie bei Ihrer Absenderbank, wie viel Spesen für Sie anfallen würden, wenn Sie sich für die Option „Guaranteed OUR" entscheiden. Zumeist liegen die Kosten bei dieser Betragshöhe zwischen EUR 70,00 bis 100,00 – Daraus ableitend würden Sie sich – bei einem angenommenen Mittelwert von EUR 85,00 – EUR 65,00 einsparen (!) Handeln Sie sich Sonderkonditionen aus und erfragen Sie die genauen Kosten für Zusatzoptionen. Nehmen Sie sich die Zeit, lesen Sie in dem Ihnen vorliegenden Essential nach, und berechnen Sie die günstigste Variante
H	**1. Transaktion** Sie überweisen sich selber (Eigenübertrag) von außerhalb der Europäischen Union, SEPA-Raum und von außerhalb Europas einen **geringen zweistelligen** Währungsgeldbetrag eines Landes (bezogen auf den Euro-Gegenwert) – auf Ihr z. B. in Deutschland oder Österreich geführtes Konto –, welches nicht der EUR-Währungsunion angehört. Sie wählen dabei die Gebührenoption **„OUR"** (alle Spesen zu Lasten Auftraggeber) **2. Mögliche Konfliktauswirkung** Es entstanden für Sie beinahe so hohe transaktionsbezogene Kosten, als der Überweisungsbetrag an sich ausmachte. Die Überweisungsdauer beträgt zwischen zwei und fünf Bankwerktagen **3. Erklärung der Konfliktauswirkung** Es liegt eine Auslandsüberweisung vor. Sie haben zusätzlich zu den Kosten für die Transaktionsart auch das „OUR" Entgelt zu bezahlen, welches pauschal in einer Staffelung geregelt ist. Dementsprechend können die angefallenen Spesen und Entgelte beinahe so hoch sein wie der zu überweisende Geldbetrag **4. Lösungsansatz** • Die Problematik in diesem Transaktions-Beispiel widerspiegelt auch die Themen aus voran gegangenen Fällen – Sie überweisen sich angenommen SGD (Singapur-Dollar) aus Singapur, von einem SGD-Konto, auf ein EUR-Konto in Deutschland. Der Gegenwert in Euro beträgt 45,00 – Sie entscheiden sich für die Option „OUR". Dadurch fallen Ihnen am Absenderkonto gesamt EUR 40,00 an Spesen an (EUR 25,00 „OUR" Entgelt, EUR 15,00 Minimumspesen für eine Auslandsüberweisung (internationale Überweisung) – Am Empfängerkonto in Deutschland wird der Geldbetrag in die Währung EUR konvertiert. Dadurch verringert sich Ihr gut zu schreibender Betrag – In Summe tragen Sie für einen Überweisungsbetrag von (Gegenwert, da SGD) EUR 45,00, gesamt EUR 40,00 an Entgelten (plus Abzug Konvertierung) – Versuchen Sie, Kleinstüberweisungen die nicht als SEPA-Überweisung durchzuführen sind, zu vermeiden: Es könnte die Möglichkeit bestehen, einmal im Quartal oder halbjährlich zu überweisen. Die Relation zwischen Überweisungsbetrag und Entgelt rückt dadurch in ein kundenfreundlicheres und kostenoptimiertes Licht

<table>
<tr><td>I</td><td>1. Transaktion
Sie tätigen eine Euro-Überweisung in ein europäisches – nicht-EU und nicht-SEPA-Land mit der Standard-Gebührenoption „SHA“ (Spesenteilung)
2. Mögliche Konfliktauswirkung
Es entstanden für Sie erhebliche transaktionsbezogene Kosten. Die Überweisungsdauer beträgt zwischen zwei und fünf Bankwerktagen und es kommt wesentlich weniger Geldbetrag an
3. Erklärung der Konfliktauswirkung
Es liegt eine Auslandsüberweisung vor. Intermediary-Banks behielten sich für Ihre Dienstleistung jeweils einen Geldbetrag ein und leiteten den verringerten Geldbetrag weiter
4. Lösungsansatz
• Sie überweisen beispielshaft die Währung EUR nach Mazedonien
– Hier liegt wiederum eine Auslandsüberweisung zugrunde
– Intermediary Banks oder Zwischenbanken behielten sich für ihre Routing-Dienstleistung Geldbeträge ein und gaben weniger an Betrag weiter
– Am Empfängerkonto kommt ein signifikant verringerter Geldbetrag an. Am Absender- und Empfängerkonto fallen die Entgelte für eine Auslandsüberweisung an
– Erfragen Sie bei Ihrem Bankinstitut, welche internationalen direkten Bankverbindungen gepflegt werden. Kurze Wege ermöglichen ein rasches Handeln und geringeren finanziellen Aufwand für Sie als Kundin oder Kunden</td></tr>
<tr><td>J</td><td>1. Transaktion
Sie tätigen eine mittlere zweistellige Euro-Überweisung in ein europäisches – nicht-EU und nicht-SEPA-Land mit der Gebührenoption „BEN“ (Alle Spesen zu Lasten Empfänger)
2. Mögliche Konfliktauswirkung
Es entstanden für Sie keine transaktionsbezogene Kosten. Die Überweisungsdauer beträgt zwischen zwei und fünf Bankwerktagen, der Empfänger beklagt einen zu gering erhaltenen Geldbetrag
3. Erklärung der Konfliktauswirkung
Es liegt eine Auslandsüberweisung vor. Für Sie entstanden keine transaktionsbezogenen Kosten. Die Absenderbank und Intermediary-Banks behielten sich für Ihre Dienstleistung jeweils einen Geldbetrag ein und leiteten den verringerten Geldbetrag weiter
4. Lösungsansatz
• Sie entscheiden sich bei dieser Überweisung für die Option „BEN“, ergo alle Spesen zu Lasten Empfänger. Der Überweisungsbetrag lautet auf EUR 60,00
– Sie tätigen wiederum eine EUR-Auslandsüberweisung nach Serbien
– Bei der Spesenregelung „BEN“ behält sich die Absenderbank zumeist die Entgelte sofort ein und gibt einen bereits um die Absenderbank-Spesen verringerten Geldbetrag an die nächste Bank im Leitweg, im Routingprozedere, weiter
– Beachten Sie: Allfällig vereinbarte Sonderkonditionen greifen hier nicht (!). Dies müssen Sie für Ihre internen Berechnungen berücksichtigen
– Die Absenderbank behält sich von dem genannten, fiktiven Überweisungsbetrag von EUR 60,00, EUR 15,00 ein. EUR 45,00 werden weitergegeben</td></tr>
</table>

	– Zwischenbank 1 behält sich EUR 14,00 ein und leitet EUR 35,00 an Zwischenbank 2 weiter – Zwischenbank 2 behält sich EUR 15,00 ein und leitet EUR 20,00 an die finale Empfängerbank weiter – Die finale Empfängerbank verrechnet dem Begünstigten EUR 14,00 Spesen – Der finale Begünstigte erhält EUR 6,00 auf sein Konto gut geschrieben – Erfragen Sie bei Ihrem Bankinstitut, welche internationalen direkten Bankverbindungen gepflegt werden. Kurze Wege ermöglichen ein rasches Handeln und generell einen geringeren finanziellen Aufwand für Sie als Auftraggeber oder auch für den Überweisungs-Empfänger – Versuchen Sie, Kleinstüberweisungen die nicht als SEPA-Überweisung durchzuführen sind, zu vermeiden: Es könnte die Möglichkeit bestehen, einmal im Quartal oder halbjährlich zu überweisen. Die Relation zwischen Überweisungsbetrag und Entgelt rückt dadurch in ein kundenfreundlicheres und kostenoptimiertes Licht
K	**1. Transaktion** Bitte um Bedacht darauf, dass Sie auch der Empfänger der genannten Transaktionen sein könnten. In solchen Fällen ist die jeweilige Ausgangsbasis **teilweise differenziert bzw. umgekehrt zu beleuchten**

4.2 Resümee zu den Lösungsansätzen: Überweisungen

Zuerst darf an dieser Stelle nicht außer Acht gelassen werden, dass die genannten Fallbeispiele die operative Realität widerspiegeln. Außerdem sind Sie bereits – mehr oder weniger – bzw. könnten Sie jederzeit in die Situation geraten, in der es für Sie primär finanziell vorteilhaft ist, kompetent informiert zu sein. Ihnen macht niemand mehr etwas vor, sozusagen. Sie wissen, worauf Sie zu achten haben und kennen die wesentlichen Eckpfeiler, um Überweisungen optimiert und korrekt zu tätigen. Finanzdienstleistungsberater oder auch generell Bankbetreuer sind zumal auch des Öfteren mit fokussierten Anfragen fachlich überfordert. Zu groß sind die Themenfelder, die Sie zu beraten haben. Man kann also zum Schluss kommen, dass Sie sich selber kompetent genug informieren, um die Zügel eigenständig in die Hand zu nehmen.

Beachten Sie zusammenfassend

- Eine mögliche SEPA-Überweisung ist einer Auslandsüberweisung vorzuziehen.
- Prüfen Sie die Möglichkeit einer SEPA-Überweisung in Länder genau, die SEPA-Mitglieder sind, aber nicht den Euro als Landeswährung haben (Beispiel:

Polen, Tschechien, Kroatien, Ungarn usw.). Nehmen Sie mit dem Absender Kontakt auf und erfragen Sie die Möglichkeiten.
- Vereinbaren Sie mit Ihrem Finanzinstitut Sonderkonditionen.
- Erfragen Sie bei Ihrem Finanzinstitut die Bankverbindungen im Ausland: kurze und direkte Wege sparen Zeit, Geld und beugen Reklamationen vor.
- Verwenden Sie Online-Banking. Falls das nicht möglich ist, handeln Sie sich bestmöglichste Konditionen aus. Online ist immer günstiger als der Schalter- bzw. persönliche Beraterkontakt.
- Lesen Sie sich das vorliegende Essential mehrmals durch und halten Sie es griffbereit, um auch tatsächlich operative Vorteile zu generieren.
- Prüfen Sie Abrechnungen auf Ihren Konten auch auf Plausibilität.
- Befolgen Sie nicht bereits grundsätzlich die Anweisungen auf zu begleichende Rechnungen. Hinterfragen Sie Ihre Möglichkeiten, um die jeweils günstigste Transaktionsart zu tätigen.
- Versetzen Sie sich bei Ihren Transaktionen auch immer in die Situation des Empfängers, des Begünstigten. Dieser kurze analytische Schritt kann Ihnen Zeit, Ärger und Geld ersparen. Beispiel: Verwenden Sie die Spesenoption „BEN" mit Bedacht. Sie haben zwar keine transaktionsbedingten Kosten zu tragen, jedoch wird der Empfänger eventuell nicht damit einverstanden sein, massive Entgelte – auch Ihre – zu bezahlen. Die Folge wäre eine Reklamation.

Das nächste Unterkapitel behandelt genau dieses thematische, komplexe Umfeld. Wir gehen über zu Reklamations-Lösungsansätzen zu den Fallbeispielen der Abschn. 2.5, 2.5.1–2.5.5.

4.3 Lösungsansätze: Reklamationen

4.3.1 Lösungsansatz zu Abschn. 2.5.1

Reklamationspotenzial: Auftraggeber

Der Auftraggeber, der Überweiser, kann bereits im Vorfeld, ergo präventiv, Reklamationen verhindern, bzw. einiges zur Vorbeugung von Fehlern beitragen:

- Ist das zu belastende Konto ausreichend gedeckt? Ist der zu überweisende Betrag nicht verfügbar, kann es zu einer kostenpflichtigen Ablehnung kommen.
- Der vielleicht auch zwingend einzuhaltende Überweisungszeitpunkt wird dadurch eventuell überschritten, was massive Komplikationen mit sich bringen kann.

- Die genaue benötigte Betragshöhe der Überweisung ist zu prüfen.
- Welche Währung ist gewünscht. Abänderungen nur in Absprache mit dem Empfänger.
- Welches Zahlungsformat kann verwendet werden: SEPA-Überweisung, Auslandsüberweisung – und in welcher Ausprägung.
- Die korrekte und ordnungsgemäße Anwendung etwaiger Spesenoptionen („BEN“ – „OUR“ – „SHA“) ist zu bewerkstelligen.
- Rechnungen sind teilweise kompliziert und wenig pragmatisch formuliert. Welche Daten werden für die Überweisung wirklich benötigt? Hervorhebungen mit einem Textmarker sind hilfreich.
- Beachtung: Oft stehen mehrere Daten von unterschiedlichen Banken auf den Rechnungen, wie:
  - Bankdaten für differierende Währungen
  - Daten (Bankname, Routing Number, BIC-/SWIFT-Code, IBAN, Kontonummer) von Zwischenbanken oder Intermediary Banks. Diese Informationen sind für das Finanzinstitut des Überweisers gedacht und dienen der leichteren Steuerung der Transaktion. Für Kunden, Auftraggeber, sind diese Informationen verwirrend und führen oft zu Reklamationen, denn es werden z. B. Empfängerbank und Zwischenbank verwechselt. Die Zwischenbank wird online, durch den Auftraggeber, als finale Empfängerbank in das System eingetragen, anstatt die korrekte Empfängerbank-Daten. Die Daten der finalen Empfängerbank müssen korrekt sondiert werden.
- Kontonummer des Empfängers: Schon ein einziger Ziffernsturz kann in eine kostenintensive Reklamation münden.
- Hinsichtlich des genauen Empfängernamens, deutet oft der groß am Kopf der Rechnung stehende Firmenname darauf hin. Im asiatischen Raum trügt meistens der Schein. Der Firmenname ist zumeist nicht ident mit der genauen Empfängerkonto-Bezeichnung. Es muss bedacht werden, dass es um den genauen Wortlaut des Kontos geht, um die Kontobezeichnung, nicht um den Firmennamen. Der Firmenname steht groß und in fetter Schrift geschrieben am Kopf des Rechnungspapiers und sehr oft steht der tatsächliche – hier wesentliche – Empfängername, der Kontowortlaut, in kleiner und normaler Schrift in der Fußzeile. Ein falscher Empfängername führt unweigerlich zu einer kosten- und oft zeitintensiven Reklamation.
- Beim Verwendungszweck gibt es mehrere zu beachtende Primärfaktoren. Einerseits a), andererseits b):
  a) so wenig Text wie möglich
  b) so viel Text als nötig

- Die Rechnungsnummer, das Rechnungsdatum und die Kundennummer sollten ausreichen sein. Grundsätzlich schon alleine die Rechnungsnummer. Weniger ist an dieser Stelle eindeutig mehr. Zu viel Text verunsichert zwischengeschaltete Banken oder die Empfängerbank und veranlassen oft ein reklamationsbedingtes Nachfragen über die genauen Hintergründe der Überweisung.
  - Zu vermeiden sind Wörter wie „Messer, Waffe, Munition, Krieg, Bombe, usw.“, ebenso Ländernamen.

4.3.2 Lösungsansatz zu Abschn. 2.5.2

Reklamationspotenzial: Empfänger
Wann ist der Empfänger Schuld an einer entstandenen Reklamation? Welche Gründe können auftreten und was gilt es dabei präventiv zu bedenken?:

- Der Empfänger, Begünstigte der Überweisung und gleichzeitig ggf. Rechnungssteller ist für die Übermittlung korrekter und vollständiger Daten und Informationen verantwortlich.
- Außerdem liegt es im Verantwortungsbereich des Empfängers, abzuklären, ob der bevorstehende Geldbetragseingang unter den gegebenen Voraussetzungen auch auf das genannte Konto gut geschrieben werden kann.
- Kann die Empfängerbank aus dem Ausland direkt angesteuert werden? Gibt es die notwendigen internationalen Systemanbindungen? Dies zu eruieren und Detailinformationen mitzuteilen sollte im günstigsten Fall durch den Begünstigten geschehen.

4.3.3 Lösungsansatz zu Abschn. 2.5.3

Reklamationspotenzial: Absenderbank
Nicht alle Transaktionsformate können als „Straight-Through-Payment“, quasi mit hohem Automatisierungsgrad – wie bei SEPA-(Instant-)Überweisungen – durchgeführt werden. Gerade bei Auslandsüberweisungen kommt es nach wie vor relativ oft zu manuellen Bearbeitungsschritten. Dadurch entsteht eine Fehleranfälligkeit, auch durch einfaches Vertippen:

- Überweisungen können falsch geroutet werden, ergo es werden inkorrekte Zwischenbanken angesteuert.
- Durchaus kann es auch zu EDV-Problemen kommen oder zu Unstimmigkeiten mit einer Partnerbank.

- Vermehrt treten auch Reklamationen dadurch auf, da Transaktionen wegen sanktioneller Gründe nicht durchgeführt werden können (Internal Policy Reason). Verdacht auf Geldwäsche, Betrug im Allgemeinen oder Terrorfinanzierung können eine wesentliche Rolle einnehmen und zumindest für zeitliche Verzögerungen sorgen. Dies gilt es immer mit zu bedenken.

4.3.4 Lösungsansatz zu Abschn. 2.5.4

Reklamationspotenzial: Intermediary Bank

- Zwischenbanken sind seit geraumer Zeit auch dazu verpflichtet, zu routende Überweisungen auf Betrugsverdachtsmomente u. v. m. zu prüfen. Auch an diesen zwischengeschalteten Stellen treten dementsprechend vermehrt Anfragen zu Überweisungen oder Sperren auf. Es kann zu massiven Zeitverzögerungen und anfallenden Reklamationsentgelten kommen. Hier möchte der Autor nochmals beispielhaft auf Abschn. 4.3–2.5.1 – Verwendungszweck – verweisen, „so wenig wie möglich, so viel als nötig". Anfragen hinsichtlich genauerer Informationen zu Überweisungen stellen mittlerweile das größte Reklamationspotenzial bei den Zwischenbanken dar.

4.3.5 Lösungsansatz zu Abschn. 2.5.5

Reklamationspotenzial: Empfängerbank
Ein Kreis aus zuvor genannten Gründen schließt sich bei den etwaigen Reklamationsgründen von Empfängerbanken einer Überweisung:

- Prüfung auf Betrugs- Geldwäsche- oder Terrorfinanzierungsverdacht:
  - Zeitverzögernde Anfragen oder Ablehnungen können die Auswirkung sein.
- Bank ist nur für Inlandsüberweisungen ausgerichtet, keine internationale Systemanbindung wie z. B. SWIFT.
- Der übermittelte Empfängername stimmt nicht mit dem tatsächlichen Kontowortlaut überein:
  - Die Empfängerbank startet eine Reklamation und fragt hinsichtlich der Übermittlung des korrekten Kontowortlautes an.
  - Der Auftrag wird (eventuell abzüglich Entgelte) retour gesendet.

4.4 Resümee zu den Lösungsansätzen: Reklamationen

In zusammenfassender Form sollten Sie sich als Überweiser von Geldbeträgen kurz Zeit nehmen. Diese investierte Zeit, in Präzision, Auslotung und Plausibilität, kann Ihnen schon bei einer einzigen Transaktion eine ganze Menge an Geld und Zeit einsparen. Noch wichtiger werden die Inhalte dieses Buches für Sie, wenn Sie regelmäßig und auch noch internationale Überweisungen tätigen.

Beachten Sie zusammenfassend

- Lesen Sie sich die Angaben auf Rechnungen oder Überweisungsdetails genau durch.
- Ein groß und fett geschriebener Firmenname muss nicht der Empfängerkontoname sein.
- Die Kontonummer, die IBAN, die Routingnumber, der BIC- oder SWIFT-Code einer Intermediary- oder Zwischenbank sind nicht die Daten der finalen Empfängerbank.
  - Verwechseln Sie nicht die finale Empfängerbank mit einer Intermediary- oder Zwischenbank.
- Vergewissern Sie sich über die Verfügbarkeit des zu überweisenden Betrage auf ihrem Konto.
- Prüfen Sie genau, welche Transaktionsart Sie durchführen können (SEPA-Überweisung, Auslandstransaktion) und halten Sie ggf. Rücksprache mit dem Empfänger (ob z. B. ein EUR-Konto vorhanden ist, hinsichtlich der Möglichkeit einer SEPA-Überweisung).
- Setzen Sie die Spesenoptionen „OUR“ und „BEN“ mit Sorgfalt ein.
- Überprüfen Sie den Empfänger- bzw. Kontowortlaut genau und übernehmen Sie auch Punkt, Beistrich oder Leerzeichen. Kürzen Sie keine Wörter ab und schreiben Sie den vollständig genannten Namen.
- Halten Sie den Verwendungszweck generell so kurz wie möglich, schreiben Sie beispielsweise nur die Rechnungsnummer, Rechnungsdatum und Ihre Kundennummer.

4.5 Fazit, Ausblick und persönliche Worte des Autors

Sowohl seit der globalen Verflechtung der Wirtschaft, verbunden mit der Ausdehnung von Handel und Tausch, als auch dem Zustandekommen einer Volkswirtschaft sowie ihrer Wirtschaftssubjekte stellt ein zuverlässiges Zahlungsverkehrssystem eine der größten Herausforderungen dar. Kleine und große Geldbeträge sollen in relativ kurzer Zeit sicher transferiert werden. Ohnehin funktioniert in der heutigen Gesellschaft die Wirtschaft nur dann, wenn diese Anforderungen geschaffen und als erfüllt gelten. Deshalb wird der bargeldlose Zahlungsverkehr mit den dazugehörigen Systemen im Bankenjargon umgangssprachlich auch als Rückgrat der Wirtschaft bezeichnet, indem das fehlerlose Funktionieren als unabdingbar erachtet wird (Dimitriadis 2009; Kampshoff 2010).

Es gibt zu denken, dass das Misstrauen in ZV-Systeme immer noch als begründet gilt. Cyber Crime nimmt statistisch tendenziell zu, das wird medial kommuniziert. Informationspolitisch seitens der Bankenlandschaft sollte dieses aber rückläufig sein. Eine absurde Informationskollision polarisierender Interessenvertretungen. Die Aussage des Autors, dass dieses Verhalten keine vertrauensfördernde Maßnahme widerspiegelt, darf als ein Axiom bezeichnet werden. So ist das Aushändigen von Goldmünzen, um dafür eine Tauschware zu bekommen, von Natur aus eher mit Glaubwürdigkeit behaftet. Der internationale Handel im Kontext der Globalisierung bedeutet gleichermaßen, dass sich die teilnehmenden Länder neuen Herausforderungen stellen müssen. Verschiedene technische Standards, Zahlungsverfahren, Richtlinien, Regeln und Gesetze, insbesondere bei den Kosten, Spesen und Gebühren im Zahlungsverkehr, setzten einen immerwährend neuen Prozess des Wandels in Gang. Es muss also die Voraussetzung festgehalten werden, dass Zahlungsverkehrssysteme funktionieren und dabei genau und regelkonform arbeiten, einerseits (Riedl 2002; Dimitriadis 2009).

Andererseits obliegt es im Speziellen bei Überweisungen explizit dem Zahlungsinitiator, Überweiser, der Kundin oder dem Kunden, sich Informationen zur Optimierung, Kostenreduzierung oder Reklamationsprävention einzuholen und Wissen anzueignen. Das vorliegende Buch stellt an dieser Stelle den Anspruch auf eine kompetente und komprimiert-fokussierte Fachliteratur, welche operativ umgesetzt dazu beitragen kann, national, europa- oder weltweit, kostenoptimiert, rasch und sicher Geldbeträge zu überweisen.

In einem erweiterten Zusammenhang könnte es den Anschein haben, als ob ein Messverfahren sowie das einheitliche Bewertungsverfahren und in weiterer Folge regelmäßige Maßnahmen zur Lösung von Problemen oder Ursachen nicht konkret genug geplant, umgesetzt und tatsächlich gemeinschaftlich realisiert werden. Obwohl Transaktionskosten in der Praxis oft oder meist erfolgs- sowie abschlussentscheidend sind, wurde ihrer Rolle bislang nur wenig Bedeutung zugestanden. Dieser Thematik wird in diesem Buch eine gebührende Beachtung zugesprochen und somit auch eine Konkretisierung der angeführten empirischen Beispiele forciert. Um einer korrekten Fundierung nachzukommen, werden auch Randthemen, wie beispielsweise Überweisungen mit der Gebührenoption „BEN“

erörtert. Ob es sich nach genauerer Untersuchung noch um Randthemen handelt, wird die interessierte Leserin und der interessierte Leser operativ und fallbezogen entscheiden (Kampshoff 2010, S. 1–4).

Vor diesem Hintergrund dürfen wir der Zukunft des bargeldlosen Zahlungsverkehrs optimistisch entgegenblicken. Nächste, bereits beschlossene, in Prüfung befindliche, bzw. mögliche innovationsbedingt zwingend notwendige Schritte in Bezug auf Überweisungen können sein:

- SEPA-Eingänge in Ländern, die zwar der SEPA angehören, jedoch nicht der EUR-Währungsunion, auf Konten deren Landeswährungen, werden SEPA-gesetzeskonform wie Inlandszahlungen – hinsichtlich Entgelte und Spesen – behandelt und nicht mehr wie Auslandsüberweisungen.
  - Selbstverständlich muss auch die Gegenseite bedacht werden: Wie soll ggf. zukünftig die Transaktion behandelt werden, wenn z. B. ein HUF (ungarische Forint)-Konto in Deutschland oder beispielsweise in Österreich mit der Währung EUR (SEPA-Überweisung) oder HUF, aus Ungarn, bebucht wird?

Es kann nur durch maximale Vereinheitlichung der zugrunde liegenden Rahmenbedingungen – auch auf nationalen Ebenen – ein weiteres Zusammenrücken geben. Die PSD II setzt hierfür wesentliche Akzente, die gut, aber aus Sicht des Autors noch mannigfaltigen Optimierungsbedarf aufweisen.

Weitere mögliche innovationsträchtige Schritte in der Zukunft des (europäischen) Zahlungsverkehrs könnten sein:

- Die Ausdehnung der SEPA-Kriterien auf die Gesamtheit der EU-Währungen. Dies bedeutet, es würden auch SEPA-Überweisungen in den Währungen, wie beispielsweise PLN, HRK, HUF, CZK, usw. möglich sein.
  - Die Bedeutung, Aufgabe und Definition der EUR-Währungsunion müsste neu geregelt werden.
  - Das SEPA-Instant-Payment-Verfahren (überweisen binnen Sekunden im SEPA-Raum) wird ebenso auf die Gesamtheit der EU-Währungen ausgedehnt.

Ich wünsche Ihnen zukünftig, in alle Richtungen gehend, einen optimierten Zahlungsverkehr.
Markus Bramberger

Was Sie aus diesem *essential* mitnehmen können

- Sofort anwendbare Tipps & Tricks für ein günstiges Überweisen von Geldbeträgen
- Aktuelle und konkrete Informationen für einen raschen Zahlungsverkehr
- Detailreiche Stellungnahmen zur Umsetzung sicherer Zahlungen
- Fokussiertes Wissen zur Prävention von Reklamationen
- Einen fundierten Gesamtüberblick über das komplexe Prozessprozedere einer Überweisungstransaktion

M. Bramberger, *Non-SEPA-Entgeltregelungen im Zahlungsverkehr,* essentials,
https://doi.org/10.1007/978-3-658-27746-8

Literatur

Alt, R., & Puschmann, T. (2016). *Digitalisierung der Finanzindustrie. Grundlagen der Fintech-Evolution*. Berlin: Springer.

Altmann, J., Budzinski, O., Gessner, F., & Metzger, J. (2019). *250 Keywords Bankwirtschaft. Grundwissen für Fach- und Führungskräfte*. Wiesbaden: Springer.

Bamberger, H. G., Derleder, P., & Knops, K.-O. (2017). *Deutsches und europäisches Bank- und Kapitalmarktrecht*. Berlin: Springer.

Barrie, M., Jhanji, K., & Sebag-Montefiore, M. (2016). In Oliver Wyman: Zahlungsverkehr in Europa. http://www.oliverwyman.de/content/dam/oliver-wyman/europe/germany/de/insights/publications/2016/dec/Oliver_Wyman_Zahlungsverkehr_in_Europa_08122016.pdf, 8. Dez. 2016. Zugegriffen: 10. Febr. 2019.

Berend, I. T. (2007). *Markt und Wirtschaft*. Göttingen: Vandenhoeck & Ruprecht.

Borchardt, K.-D. (2015). *Die rechtlichen Grundlagen der Europäischen Union*. Wien: Facultas Verlags- und Buchhandel AG.

Bramberger, M. (2017a). *Divergenzen im Europäischen Zahlungsverkehr. Spesenoptionen im grenzüberschreitenden Zahlungsverkehr. Wirksamkeit auf Zahlungsformate und Entgelte*. Riga: AV Akademikerverlag.

Bramberger, M. (2017b). Überweisen ins Ausland. Schnell und sicher mit Online Banking. https://www.vkb-bank.at/vkb-blog/details/ueberweisen-ins-ausland-schnell-und-sicher-mit-online-banking, 16. Mai 2017. Zugegriffen: 6. Febr. 2019.

Bramberger, M. (2017c). „Auslandsüberweisung vs. SEPA-Zahlung“. Wo liegt der Unterschied? https://privatebanking.vkb-bank.at/services/vkb-blog/details/auslandsueberweisung-vs-sepa-zahlung-wo-liegt-der-unterschied, 9. Okt. 2017. Zugegriffen: 2. Febr. 2019.

Bramberger, M. (2019). *Payment Services Directive II. Regulatorik im Zahlungsverkehr vor dem Hintergrund von FinTechs und Open Banking*. Wiesbaden: Springer.

Canaris, C.-W., Habersack, M., & Schäfer, C. (2015). *Bankvertragsrecht 2. Commercial Banking. Zahlungs- und Kreditgeschäft*. Berlin: De Gruyter.

Dimitriadis, A. (2009). *Analyse der Änderungen im Zahlungsverkehr durch die Realisierung des einheitlichen europäischen Zahlungsraums*. Hamburg: Diplomica.

Djazayeri, A. (2011). *Die Geschichte der Giroüberweisung. Von den Anfängen im 19. Jahrhundert bis zum modernen Zahlungsdiensterecht*. Göttingen: V&R Unipress.

Dorfleitner, G., Hornuf, L., Schmitt, M., & Weber, M. (2017). *FinTech in Germany*. Cham: Springer International Publishing AG.

M. Bramberger, *Non-SEPA-Entgeltregelungen im Zahlungsverkehr*, essentials,
https://doi.org/10.1007/978-3-658-27746-8

Gischer, H., Herz, B., & Menkhoff, L. (2004). *Geld, Kredit und Banken*. Berlin: Springer.

Grundmann, S., & Riesenhuber, K. (2012). *Textsammlung Europäisches Privatrecht*. Berlin: De Gruyter.

Hierl, L. (2017). *Mobile payment*. Wiesbaden: Springer.

Huch, S. (2013). *Die Transformation des europäischen Kartengeschäfts*. Wiesbaden: Springer.

Huch, S. (2014). *Der einheitliche EU-Zahlungsverkehr*. Wiesbaden: Springer.

Jarchow, H.-J. (1990). *Theorie und Politik des Geldes*. Göttingen: Vandenhoeck & Ruprecht.

Kampshoff, P. (2010). *Regulierung von Leerverkäufen in der Krise*. Aachen: University.

Kellermann, P. (2007). Moneyismus – Der Glaube an Geld als Alltagsreligion. In P. Kellermann (Hrsg.), *Die Geldgesellschaft und ihr Glaube*. Wiesbaden: VS Verlag.

Mülbert, P. O. (2017). *Bankrechtstag 2016*. Berlin: De Gruyter.

North, M. (2014). *Kommunikation, Handel, Geld und Banken in der frühen Neuzeit*. Oldenburg: Wissenschaftsverlag GmbH.

Riedl, G. R. (2002). *Der Bankbetriebliche Zahlungsverkehr*. Wiesbaden: Springer.

Schwertheim, E. (2005). *Kleinasien in der Antike*. München: Beck.

Seibel, K. (2013).Wie das Geld von Superreichen verwaltet wird. Welt.de. http://www.welt.de/finanzen/verbraucher/article122437140/Wie-das-Geld-vonSuperreichen-verwaltet-wird.html, 1. Dez. 2013. Zugegriffen: 19. Febr. 2019.

Terlau, M. (2016). Die zweite Zahlungsdiensterichtlinie. ZBB. http://www.osborneclarke.com/media/filer_public/64/62/646255f4-1fb7-4c84-ba6e-c91d1ddacf89/zbb_2016_122_2.pdf, 20 Apr. 2016. Zugegriffen: 7. Febr. 2019.

Wandhöfer, R. (2010). *EU payments integration. The tale of SEPA, PSD and other milestones along the road*. Wiesbaden: Springer.

Wildman, L. (2015). *Makroökonomie der Geld und Währung*. Berlin: De Gruyter.